Lulu Mayo

101 supersüße KATZEN DINGE zeichnen

Schnurrige Miezen zum Zeichnen, Kritzeln, Malen und lustige Katzen-Mash-ups

Bassermann

ISBN 978-3-8094-4909-6

1. Auflage

Das Werk erschien erstmals 2022 bei Walter Foster Publishing, einem Imprint der Quarto Gruppe, 100 Cummings Center, Suite 265D, Beverly, MA 01915, USA unter dem Titel *101 Super Cute Cat Things to Draw*

Umschlaggestaltung: Penguin Random House Verlagsgruppe unter Verwendung des Originalcovers

Übersetzung: Dr. Ulrike Kretschmer, München

Redaktion, Satz und Producing: Dr. Alex Klubertanz, Haßfurt

Herstellung: Franziska Polenz

Projektleitung: Sibylle Lehmann

Penguin Random House Verlagsgruppe FSC® N001967

Printed in China

MIX
Papier | Fördert gute Waldnutzung
FSC® C016973

INHALT

WAS DICH ERWARTET

Willkommen in der Welt schier unfassbarer Katzenniedlichkeit!

In diesem Buch für Katzenliebhaberinnen, Kritzelenthusiasten und Künstlerinnen aller Alters- und Könnensstufen treffen Kreativität und Spaß in über 100 entzückenden Zeichenprojekten, Kritzelimpulsen und putzigen Übungen auf fluffige Samtpfoten.

Wenn du verrückt nach Katzen bist, nach neuen Zeicheninspirationen suchst oder nach einem anstrengenden Tag einfach etwas runterkommen willst, bist du hier genau richtig. Mit diesem Buch kannst du dem modernen hektischen Leben entfliehen und in eine entspannende Welt voller Fantasie und Spleens eintauchen.

Ich hoffe, dass du – genau wie ich – von Vitalität und Lebensfreude erfüllt wirst, wenn du deinen Stift zur Hand nimmst und dich durch dieses Buch treiben lässt.

Lass deiner Fantasie freien Lauf!

~Lulu Mayo

DAS BRAUCHST DU

Für die Projekte in diesem Buch brauchst du nur wenige unverzichtbare Materialien.

Buntstifte – Für farbige Zeichnungen sind sie am praktischsten und am leichtesten zu handhaben. Buntstifte für den professionellen Künstlerbedarf haben eine wachsartige, weiche Mine, die sich hervorragend zum Schattieren und Auftragen von mehreren Farbschichten eignet.

Bleistifte – Grafitstifte gibt es in verschiedenen Härtegraden. H-Bleistifte sind hart und zeichnen dünnere, hellere Linien; B-Stifte sind weich und zeichnen dickere, dunklere Linien. Die Abstufungen reichen von 9B (sehr weich) bis 9H (sehr hart). Du kannst auch den guten alten Bleistift Nr. 2 (oder HB) verwenden, wenn du damit am besten arbeiten kannst.

Skizzenblock – Skizzenblöcke gibt es in den verschiedensten Größen. Sie eignen sich hervorragend zum Üben und Kritzeln.

Wachsmalstifte – Wer liebt sie nicht? Sie sind perfekt, wenn man größere Flächen ausmalen will.

Pigmenttintenstifte – Mit Tuschezeichnern kann man wunderbar kleine Details hinzufügen.

Art Marker – Sie zaubern kühne, kräftige Farbstreifen. Art Marker eignen sich besonders gut zum gleichmäßigen Ausmalen großer Flächen, zum Schattieren und für Muster.

Radierer – Ein Radierer aus Plastik oder Vinyl gehört zur Grundausstattung. Er entfernt Bleistiftstriche, ohne das Papier zu beschädigen, und kann auch auf größeren Flächen eingesetzt werden.

AM ANFANG ...

... war die Linie – und sie kann überraschend ausdrucksstark sein! Mit ihr kann man Gefühle, Persönlichkeit oder Bewegung zu Papier bringen. Etwa so:

Probiere hier eigene Linien aus und verwandle sie in verrückte, freche Katzen!

IN FARBE

Bunte Stifte bringen nicht nur Farbe ins Spiel – mit ihnen lassen sich auch ganz erstaunliche Effekte erzeugen.

TECHNIKEN

Schraffur

Unter Schraffur versteht man mehrere parallele Linien, die alle in eine Richtung verlaufen, entweder senkrecht oder waagerecht.

Je näher die Linien beieinanderliegen, desto dichter ist die Schraffur und desto dunkler wirkt die Farbe.

Kreuzschraffur

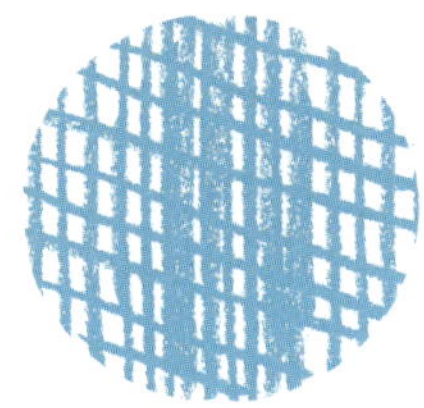

Bei der Kreuzschraffur liegen zwei Schraffuren übereinander, wobei die Linien in verschiedene Richtungen verlaufen.

Lasur

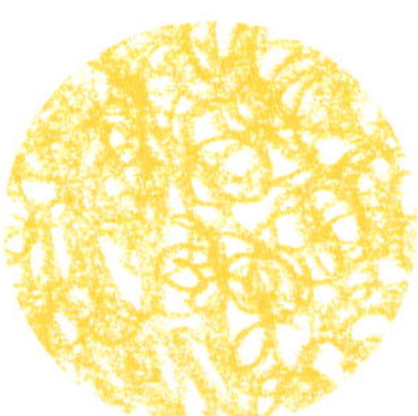

Dieser Effekt wird erzeugt, indem man mit dem Stift willkürlich übers Papier kritzelt.

Tüpfelung

Hier liegen kleine Farbtupfer nah beieinander und erzeugen so ein Muster.

Farbübergang

Um eine Farbe in eine andere übergehen zu lassen, drückt man an der Übergangsstelle weniger hart auf und lässt die Farben überlappen.

Farbmischung

Um Farben zu mischen, malt man zwei Schichten übereinander, ohne dabei zu hart aufzudrücken. Hier ergibt Gelb auf Dunkelgrün ein helleres Grün.

Farbverlauf

Bei einem Verlauf wird die Farbe heller oder dunkler, manchmal werden auch Farben gemischt. Erreicht wird der Effekt durch hartes und weniger hartes Aufdrücken des Stifts.

ÜBUNG ZUR FARBGEBUNG

Wärm deine Hand auf, indem du willkürliche Linien zeichnest, herumkritzelst und Kringel malst. Du kannst die bunten Katzen zur Inspiration nutzen und dich dann in den genannten Techniken üben.

DER FARBKREIS

Farbe kann Zeichnungen zum Leben erwecken! Der Farbkreis ist nützlich, will man die Beziehungen der Farben untereinander besser verstehen. Benutze ihn, um das perfekte Farbschema für deine Zeichnungen zu finden.

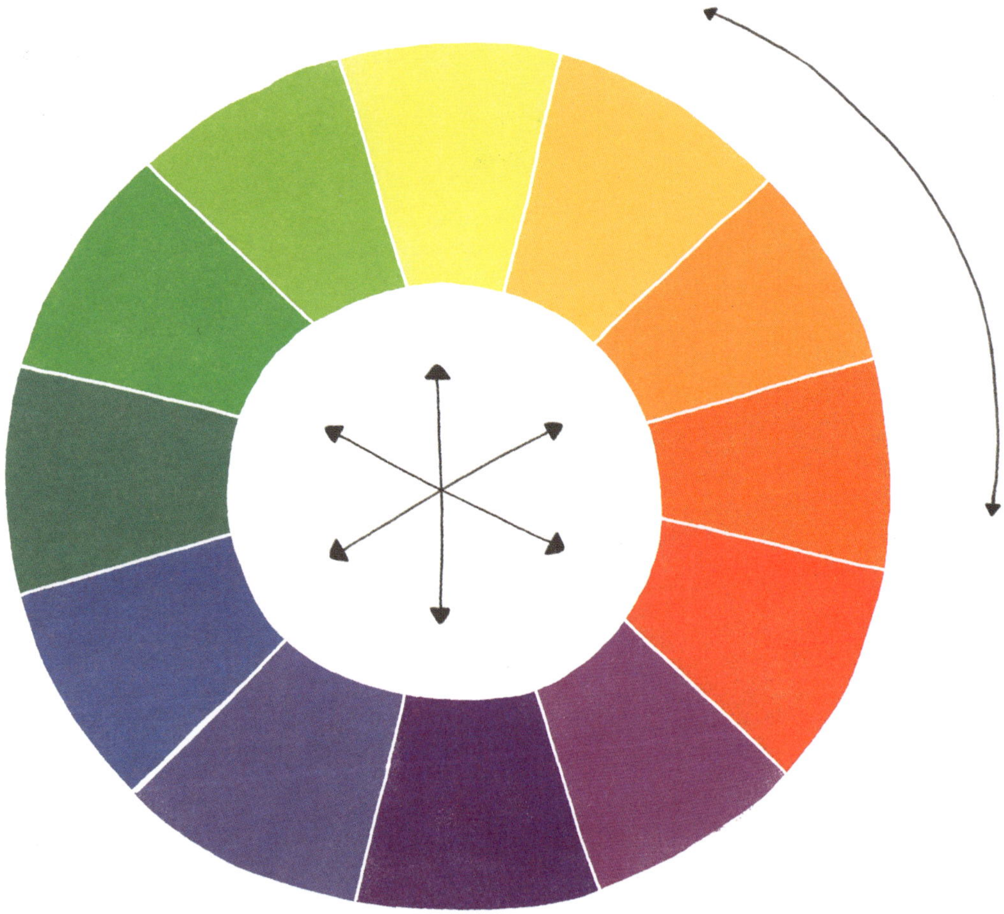

Es gibt drei **Primär-** oder **Grundfarben:** Rot, Gelb und Blau. Sie kann man nicht durch das Mischen anderer Farben erzeugen. Mischt man jedoch zwei Primärfarben, erhält man eine **Sekundärfarbe:** Orange, Grün oder Violett. Mischt man eine Primärfarbe mit einer Sekundärfarbe, erhält man eine **Tertiärfarbe:** Rotorange, Rotviolett, Gelborange, Gelbgrün, Blaugrün oder Blauviolett. Rot, Orange und Gelb sind »warme« Farben, Grün, Blau und Violett sind »kalte« Farben.

Farben, die sich im Farbkreis direkt gegenüberliegen, also etwa Gelb und Violett, Blau und Orange oder Grün und Rot (siehe Pfeile im Farbkreis), bezeichnet man als **Komplementärfarben.** Zusammen angewendet sorgen sie für Leuchtkraft und Kühnheit im Kunstwerk. **Analoge Farben** wie z. B. Gelborange und Orange liegen im Farbkreis nebeneinander (siehe Pfeil außen). Sie erzeugen in unseren Augen einen harmonischen, gefälligen Eindruck.

Male das Bild nach der 60-30-10-Regel aus, nach der für 60 Prozent des Bildes eine Primärfarbe als Hintergrund verwendet wird. 30 Prozent des Bildes werden in einer Sekundärfarbe angemalt, und die restlichen zehn Prozent werden mit einigen wenigen kräftigen Farbtupfern versehen.

FARBE & STIMMUNG

Farben können verschiedene Gefühle und Stimmungen heraufbeschwören, und sie können den »Ton« eines Bildes maßgeblich beeinflussen. So ist Grau beispielsweise eine ausgezeichnete Wahl für eine richtig coole Katze, wohingegen sich Orange und Gelb eher für einen etwas albernen, verschmitzten Vierpföter eignen. Wie könnte man mit diesen Farben die Stimmung einer Zeichnung oder Skizze besser transportieren?

Hell & fröhlich

Kühn & kräftig

Schick & modern

Kühl & gelassen

Male das Bild mit beliebigen, auf der gegenüberliegenden Seite dargestellten Farben aus. Wonach ist dir? Nach kühnen, kräftigen Farben oder eher nach gedämpften Tönen? Du kannst sie nach Lust und Laune auch heller oder dunkler gestalten.

PASTELL FÜRS FELL

Pastellfarben sind hellere Töne, die durch das Mischen mit Weiß entstehen. Sie sind weicher und verleihen der Zeichnung eine beruhigende Wirkung – sowie eine Extraportion Niedlichkeit!

Male die nebenstehenden Kreise mit Buntstiften in deinen Lieblingsfarben aus. Nimm dann einen weißen Buntstift zur Hand und verwandle deine Lieblingsfarben in Pastelltöne. Male mit diesen wiederum das Bild auf der gegenüberliegenden Seite aus.

MUSTER

Du kannst deinen schnurrenden Freunden nicht nur eine bestimmte Farbe geben, sondern auch ein süßes Fellmuster. Und was könnte süßer sein als eine rosa-violett gestreifte Katze …?

Gib diesen Katzen mit einem farbigen Stift deiner Wahl ein ausgefallenes Fellmuster.

SÜSSE KATZEN ZEICHNEN

Wie du auf den folgenden Seiten sehen kannst, sind meine Zeichenanleitungen sehr einfach. Du kannst die Schritte das ganze Buch hindurch anwenden.

PERSERKATZE

1

Zeichne ein flauschiges Oval für den Körper und zwei kleine Dreiecke für die Ohren.

2

Füge ein süßes Gesicht und einen buschigen Schwanz hinzu.

3

Schraffierte Linien deuten ein langes Fell an.

Ausmalen – fertig!

SELKIRK REX

1

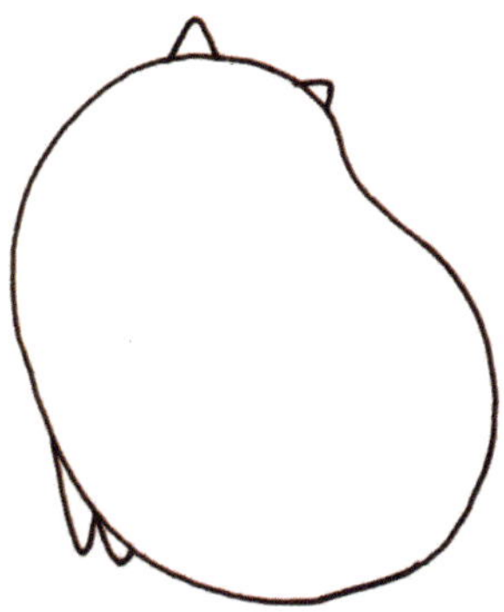

Zeichne den Umriss einer Bohne für den Körper und füge Dreiecke für die Ohren und die Beine hinzu.

2

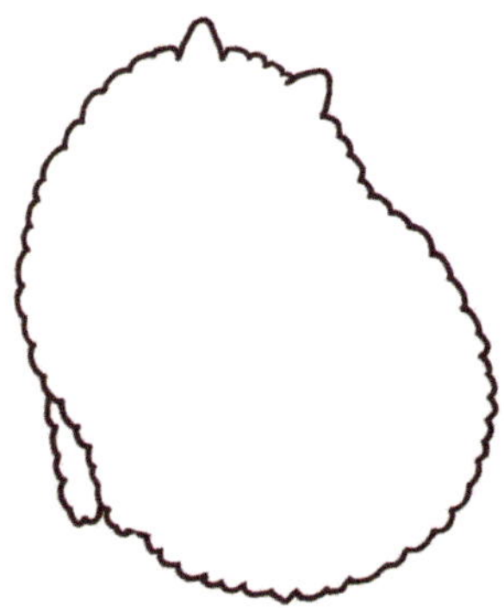

Übermale den Umriss mit einer gewellten Linie, um den Eindruck von Flauschigkeit zu erzeugen.

3

Füge ein Oval als Schwanz und ein niedliches Gesicht hinzu.

4

Nun noch flauschiges Fell …

5

… und Farbe. Fertig ist die Katze!

JAPANESE BOBTAIL

1

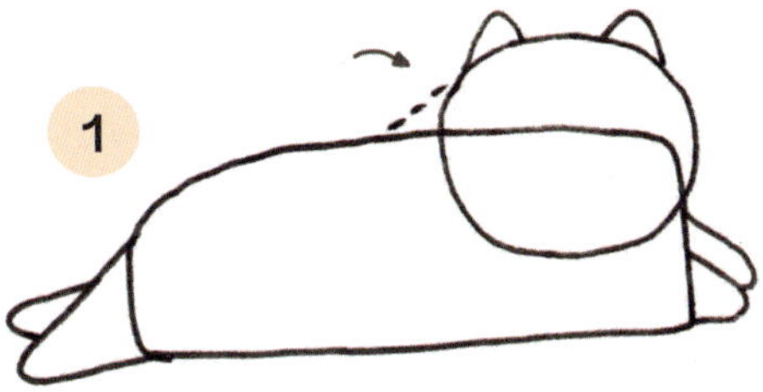

Für den Körper verwendest du einen Kreis und ein langes Rechteck. Ohren und Beine bestehen wiederum aus Dreiecken.

2

Zeichne den Umriss der Katze und radiere nicht gebrauchte Linien aus.

3

Füge ein Gesicht und ein knuddeliges Schwänzchen hinzu.

Knuddeliges Schwänzchen!

4

Füge eine Fellzeichnung hinzu und male sie aus.

ABESSINIER

1

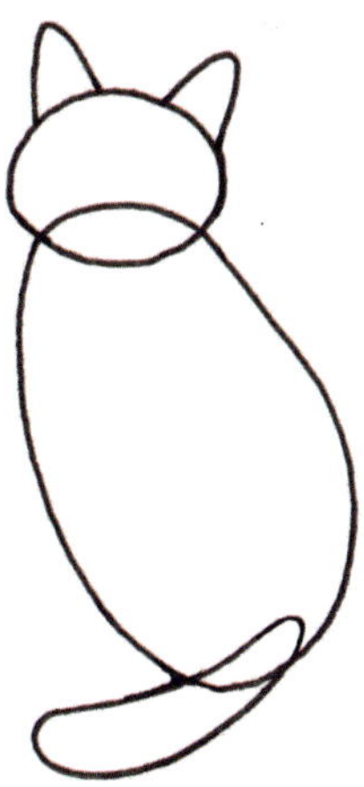

Der Körper besteht aus einem Kreis und einem Oval. Hinzu kommen ein geschwungener Schwanz sowie dreieckige Ohren.

2

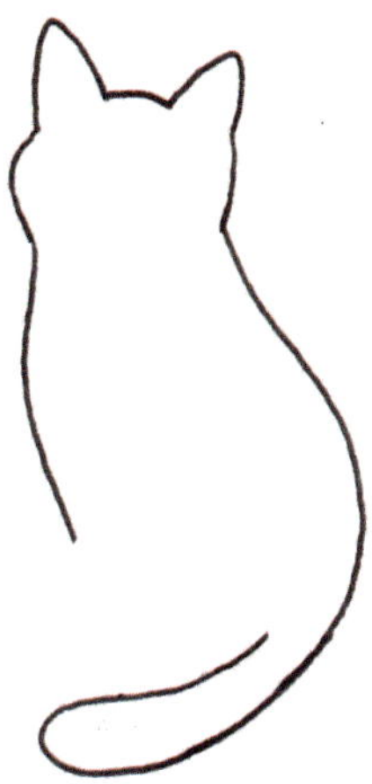

Zeichne den Körperumriss und radiere Skizzenlinien aus.

3

Füge lange Beine, große, mandelförmige Augen, eine Nase und Schnurrhaare hinzu.

Die Ohren sind groß und spitz.

4

Vollende deine Zeichnung mit Farbe.

RAGDOLL

1

Zeichne ein flauschiges Oval für den Körper und füge dreieckige Ohren sowie Beine hinzu.

2

Füge große, mandelförmige Augen, eine Nase und Schnurrhaare hinzu.

3

Diese Katze hat einen buschigen Schwanz und trägt eine Fliege.

4

Zum Schluss kommen noch eine Fellzeichnung und Farbe hinzu.

SCHNELLE TIPPS

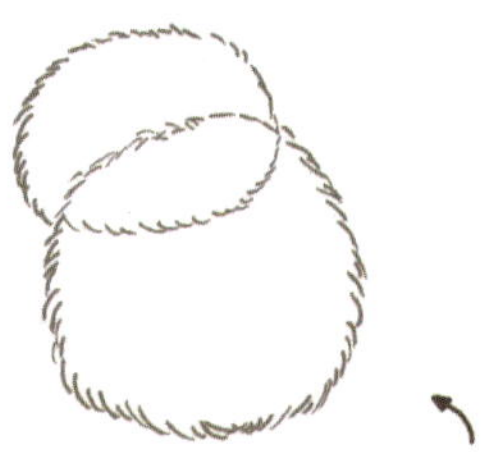

Zwei flauschige Ovale ergeben den Körper.

Beginne deine Zeichnung immer mit einfachen Formen. Katzen zu zeichnen ist wirklich nicht schwer!

Fülle die Seite mit Ragdolls. Übe das Zeichnen verschiedener Posen, indem du mit den Körperformen spielst. Warum beginnst du deine Zeichnung nicht mit einem flauschigen Rechteck?

BRITISCH KURZHAAR

1

Zeichne zunächst ein Oval und dann einen geschwungenen Schwanz. Füge dreieckige Ohren hinzu.

2

Gib der Katze ein niedliches Gesicht.

3

Auch diese Katze trägt eine Fliege.

4

Schließe mit Farbe ab.

SCHNELLE TIPPS

Aus der Britisch Kurzhaar wird eine Schottische Faltohrkatze, wenn du die Ohren nach unten zeichnest.

Beginne mit einem bohnenförmigen Körper.

Experimentiere für die verschiedenen Rassen mit unterschiedlichen Mustern.

Lang lebe die Britisch Kurzhaar: Die Katzenrasse kann weit über 20 Jahre alt werden!

Verwandle diese einfachen Formen in Katzen der Rassen Britisch Kurzhaar und Schottische Faltohrkatze.

GESICHTER

Wie jeder Katzenfan weiß, sagen Körpersprache und Gesichtsausdruck eine Menge über die Stimmung des Vierbeiners aus. Vervollständige die folgenden Zeichnungen durch Mimik, Farbe und Fellzeichnung.

Im Anschleichmodus

Verängstigt

Entspannt

Selbstbewusst

Gut drauf und verspielt

Verwirrt

Schläfrig

Wütend

Neugierig

Schläfrig

Besorgt

Überrascht

KATZENDRACHEN

Du kennst diese Fabelwesen noch nicht? Dann wird es Zeit!

SCHLAFENDER DRACHE

1

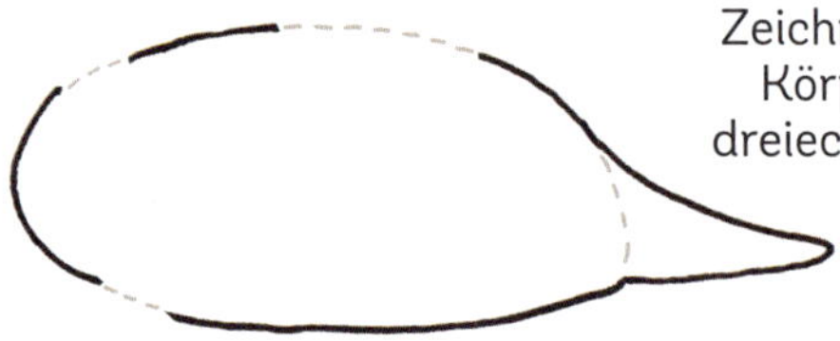

Zeichne einen ovalen Körper und einen dreieckigen Schwanz.

2

Füge dreieckige Pfoten, Ohren und Hörner hinzu.

3

Zeichne einen schläfrigen Gesichtsausdruck und Flügel.

4

Gib diesem Katzendrachen eine kühne Farbe.

FLIEGENDER DRACHE

1

Zeichne einen tropfenförmigen Körper und abgerundete Ohren.

2

Füge einen glücklichen Gesichtsausdruck und kleine Pfoten hinzu.

3

Zeichne nun einen Flügel und ein Horn. Eine geschwungene Linie deutet den Bauch an.

4

Zeichne den zweiten Flügel und Schuppen.

5

Male das Ganze aus!

SCHMUSENDER DRACHE

1

Zeichne einen ovalen Körper.

2

Füge einen ovalen Kopf und Ohren hinzu.

3

Halbkreise deuten die Augen an. Füge eine kleine Nase sowie Schnurrhaare hinzu.

4

Jetzt die Flügel …

5

… und zum Schluss noch die Farbe!

Zeichne weitere Katzendrachen.

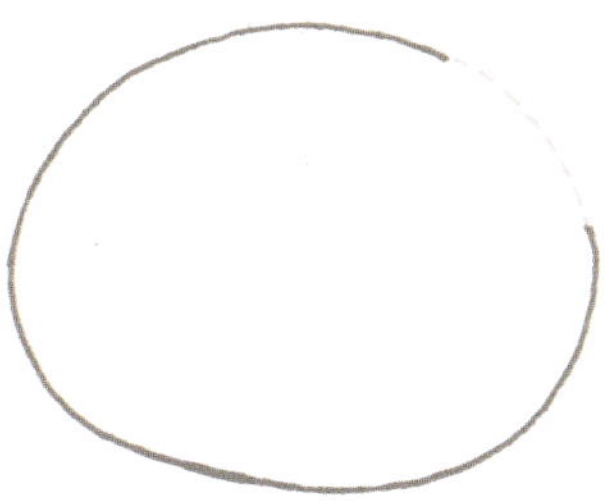

NICHT VON DIESER WELT

Natürlich ist jede Katze etwas Besonderes – doch diese sind ganz besonders besonders!

GEISTERKATZE

EINHORNKATZE

ENGELSKATZE

Male die magischen Katzen aus!

ASTROKATZEN

Sogar Katzen folgen dem Tierkreis!

WELCHES STERNZEICHEN BIST DU?

Widder
21. März – 20. April
Herzlich, liebenswert, ehrlich

Stier
21. April – 20. Mai
Widerstandsfähig, hartnäckig

Zwillinge
21. Mai – 21. Juni
Kommunikativ, charismatisch

Krebs
22. Juni – 22. Juli
Aufgeschlossen, sozial

Löwe
23. Juli – 23. August
Leidenschaftlich, loyal

Jungfrau
24. August – 23. September
Perfektionistisch, organisiert

Waage
24. September – 23. Oktober
Ausgeglichen, gefällig

Skorpion
24. Oktober – 22. November
Rätselhaft, zuverlässig

Schütze
23. November – 21. Dezember
Abenteuerlustig, offen

Steinbock
22. Dezember – 20. Januar
Praktisch, entschlossen

Wassermann
21. Januar – 19. Februar
Bestimmt, vielschichtig

Fische
20. Februar – 20. März
Mitfühlend, kreativ

Jetzt bist du dran! Zeichne diese Astrokatzen Schritt für Schritt.

WIDDER

STIER

KREBS

LÖWE

SCHÜTZE

STEINBOCK

Fülle die Seiten mit Sternzeichenkatzen – und vergiss nicht, sie auszumalen!

WINKEKATZE

MANEKI-NEKO

Die Winkekatze, auf Japanisch: Manekineko, soll ihrem Besitzer Glück bringen. Traditionellerweise handelt es sich dabei um eine dreifarbige Katze der Rasse Japanese Bobtail.

ERHOBENE VORDERPFOTEN

Sie bringen Geld, Glück und Kunden.

KOBAN-MÜNZE

Sie steht für den Reichtum, der dem Besitzer sicher ist.

LÄTZCHEN & GLÖCKCHEN

Die Glückskatze ist mit einem Lätzchen und einem Glöckchen geschmückt, so, wie sie in der Edo-Zeit in Japan auch von ihrem wohlhabenden Besitzer geschmückt wurde.

Verziere diese Winkekatze – wenn du magst, auch mit einem Lätzchen und mit Glöckchen!

WINKEKATZE

1

Zeichne zwei dreieckige Ohren und einen halbkreisförmigen Kopf.

2

Füge ein lächelndes Gesicht hinzu.

3

Nun kommen ein Halsband und Glöckchen dazu.

4

Zeichne ein langes Oval für die rechte erhobene Pfote und zeichne auch die linke Pfote.

5

Zeichne einen ovalen Körper und vervollständige die Pfoten.

6

Vollende dein Kunstwerk mit Farbe!

Linke Pfote erhoben
Lädt Menschen und Kunden ein.

Karpfen
Symbolisiert Reichtum.

Rechte Pfote erhoben
Bringt Geld und Glück.

Hammer
Zieht Reichtum an.

Schwarz
Hält böse Geister fern.

Rosa
Lädt die Liebe ins Leben ein.

Goldfarben
Bringt Reichtum ins Leben.

Grün
Belohnt das Lernen mit Erfolg.

KLEIDER & ACCESSOIRES

Da Katzen im echten Leben großartig darin sind, uns Hände und Füße zu wärmen, ist es nur logisch, sie als Handschuhe, Socken und andere Accessoires zu zeichnen. Folge am Anfang den unten gezeigten Schritten und werde dann selbst kreativ. Vergiss auch hier Farbe und Fellzeichnung nicht!

WÄRMENDE FÄUSTLINGE

FLAUSCHIGE SOCKEN

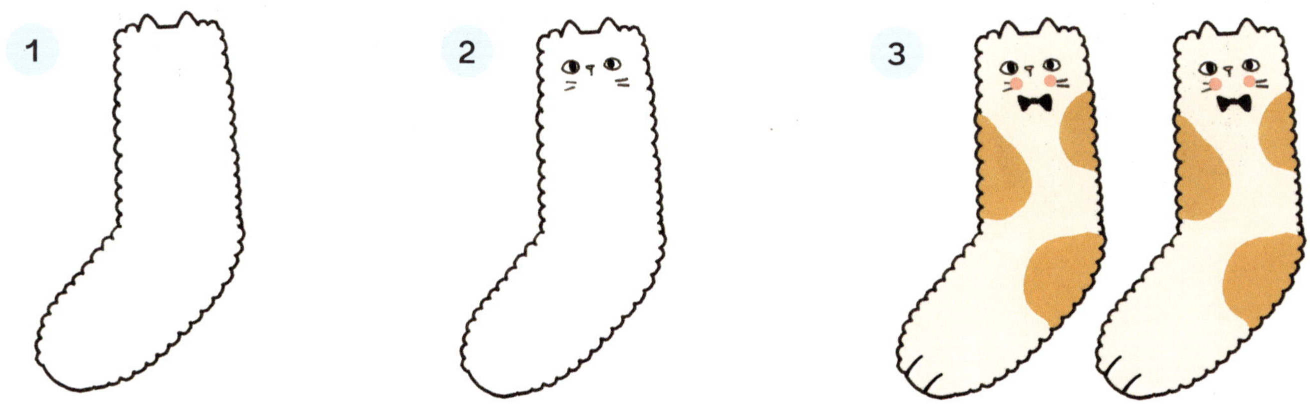

Benutze deine verschiedenen farbigen Stifte, um diese Accessoires zu gestalten und zu verzieren. Fülle dann die freien Stellen mit eigenen Accessoires.

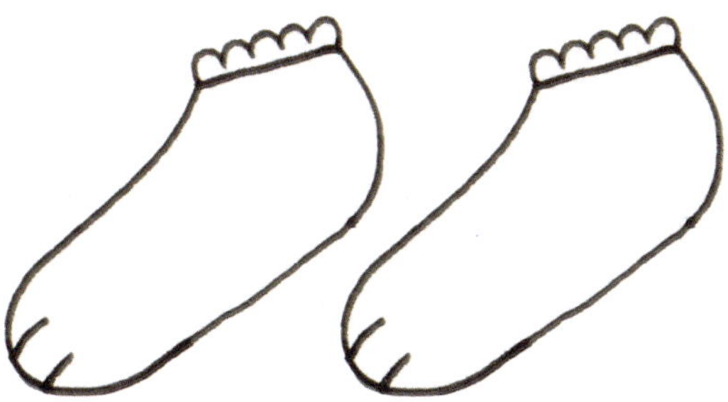

Hier findest du weitere süße Katzenaccessoires.

WARME MÜTZE

1

2

3

4

5

6

OHRENSCHÜTZER

1

2

3

4

SCHLÜSSELANHÄNGER

SONNENBRILLE

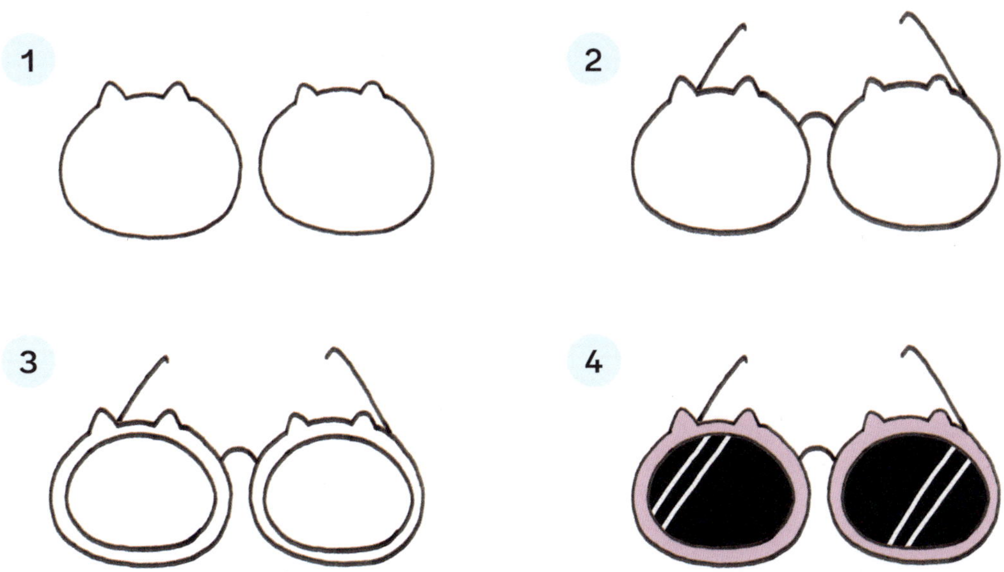

PLÜSCHIGE HAUSSCHUHE

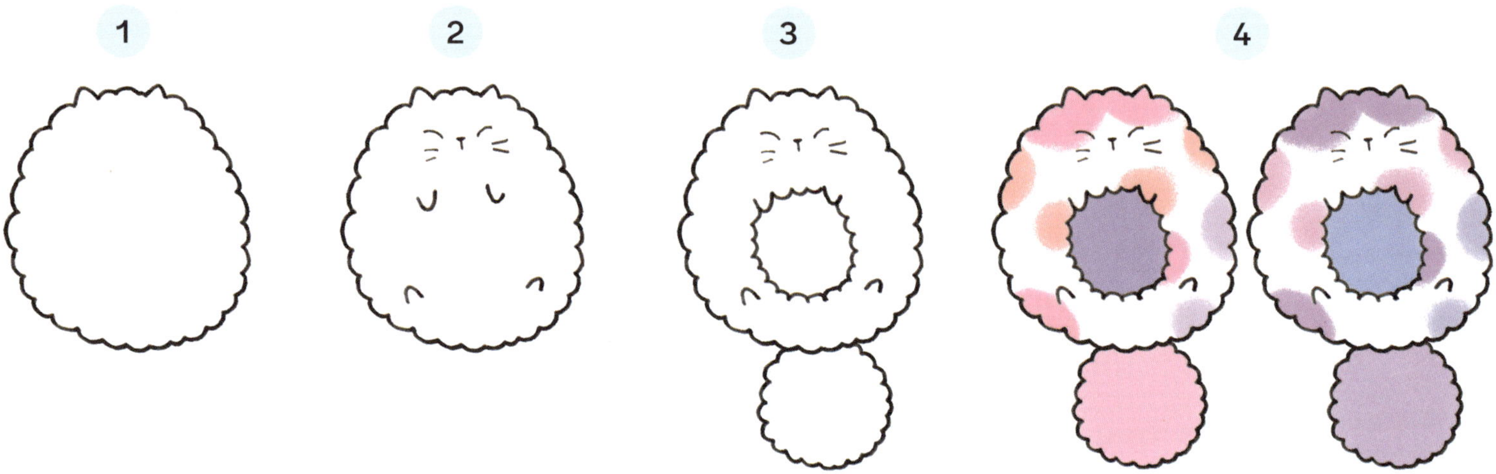

FLAUSCHIGE SANDALEN

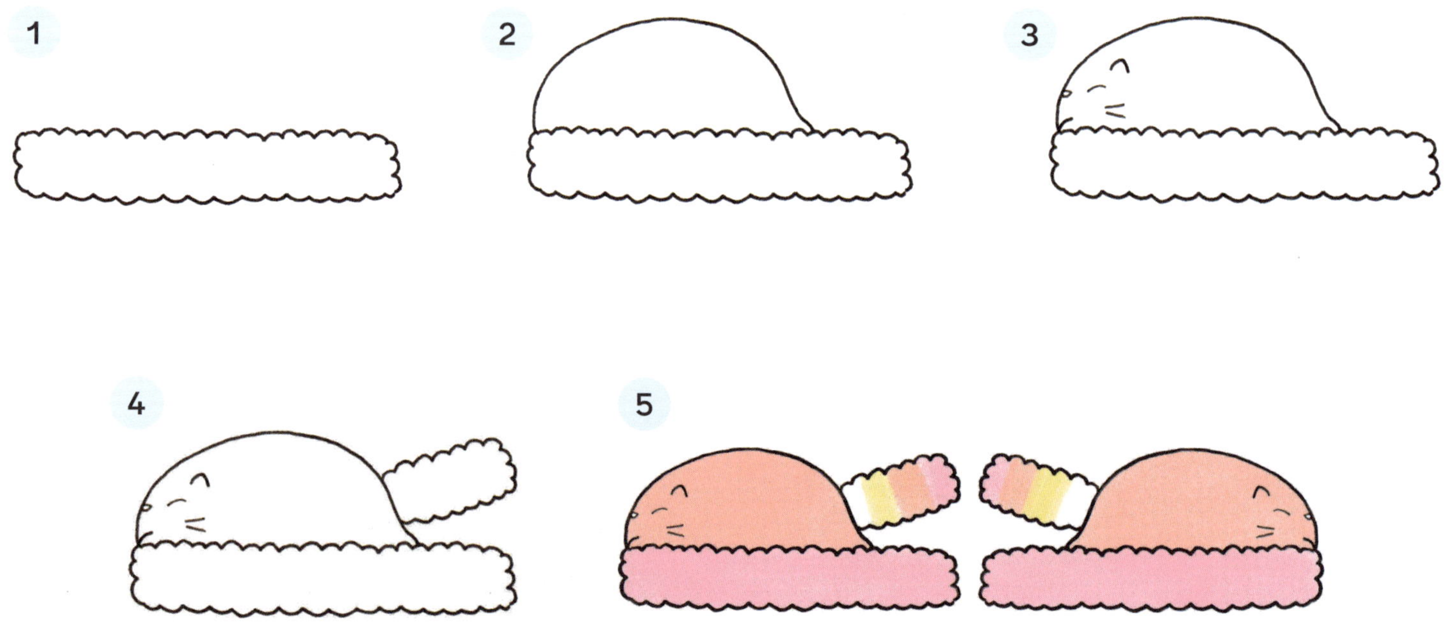

Jetzt wieder du! Designe deine eigene fabelhafte Katzenschuhkollektion.
Wie wäre es beispielsweise mit Cowboy- oder Gummistiefeln?

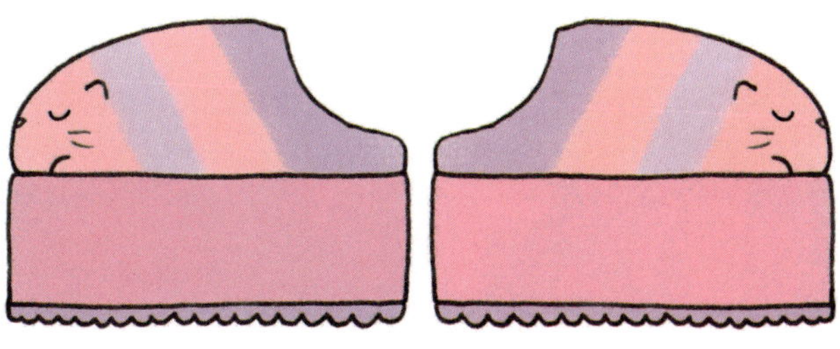

Auch Katzen haben emotionales Gepäck!

FRUSTRIERTE GELDBÖRSE

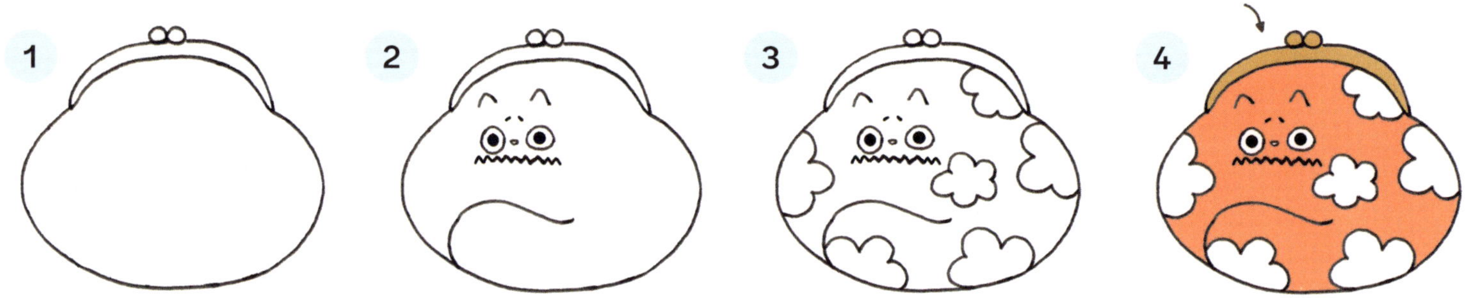

BESORGTE BEUTELTASCHE

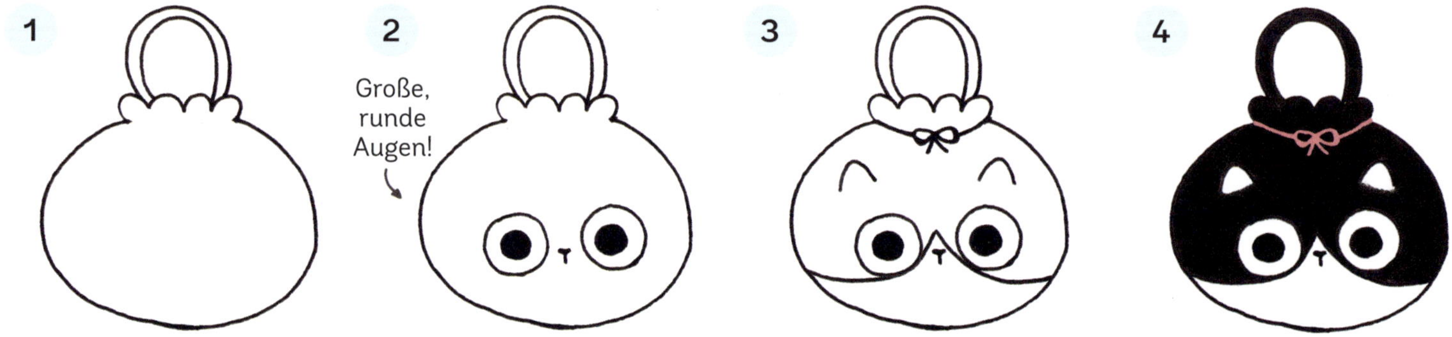

BEDAUERNDE AKTENTASCHE

Zeichne nun dein eigenes emotionales Katzengepäck. Arbeite mit Mimik, Mustern, Farben und so vielen Details, wie du magst.

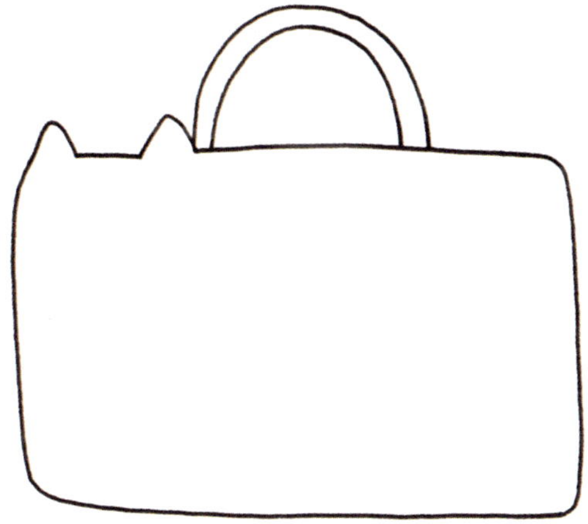

Schmücke diese Kleiderbügel mit Katzenschals, -kleidern, -handtüchern
und allem, was dir sonst noch einfällt.

Und wie immer:
Die Farbe nicht
vergessen!

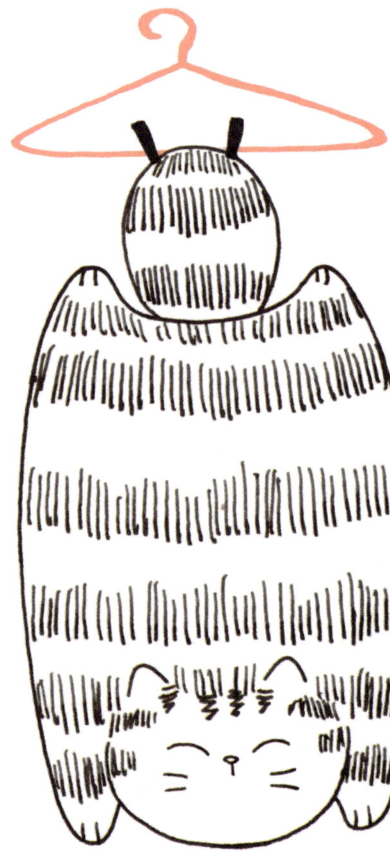

Was findet sich in deiner Accessoire-Sammlung? Zeichne es hier!

Hast du mit Katzen verzierte Kleider oder Accessoires? (Ich liebe Klamotten mit Katzenmotiven!)
Leuchtende Regenbogenfarben machen die Teile noch süßer.

Zeichne ein paar Katzenmotive auf die Kleider unten. Natürlich in Farbe!

AUSRÜSTUNG FÜR REGENTAGE

Hast du Regentage auch gern? Ich liebe sie! Wenn es regnet, bleibe ich zu Hause, zeichne, male aus und lausche dem Regen, der ans Fenster klopft. Schnapp auch du dir deine Buntstifte und verliere dich im Ausmalen der beiden Seiten – vielleicht regnet es ja gerade.

When it Rains Add Rainbow Colors

KATZENFUTTER

Eine ausgewogene Mahlzeit enthält auf jeden Fall eine ordentliche Portion Obst und Gemüse. Dazu findest du hier einige Ideen.

FÜNF AM TAG: KATZENOBST & -GEMÜSE

Unsicherer Brokkoli

Beunruhigte Avocado

Alarmierter Blumenkohl

Vorsichtiger Knoblauch

Versteinerter Kohl

VERÄNGSTIGTER PILZ

1

Setze ein Oval auf ein Quadrat.

2

Zeichne in das Oval dreieckige Ohren, ein ovales Gesicht und große Augen.

3

Füge die Pilz- und Fellzeichnung hinzu.

4

Runde das Ganze mit Farbe ab!

Hier ist Platz für dein gefühlvolles Gemüse.

Sorgenvoller Brokkoli

COOLE KOKOSNUSS

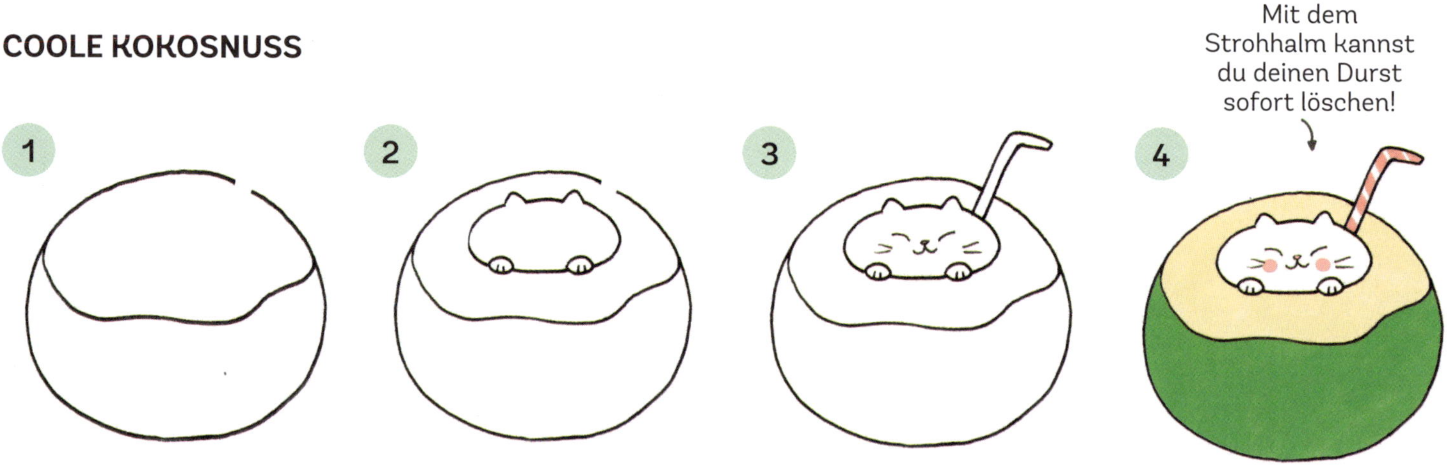

GEFÜLLTER PFIRSICH

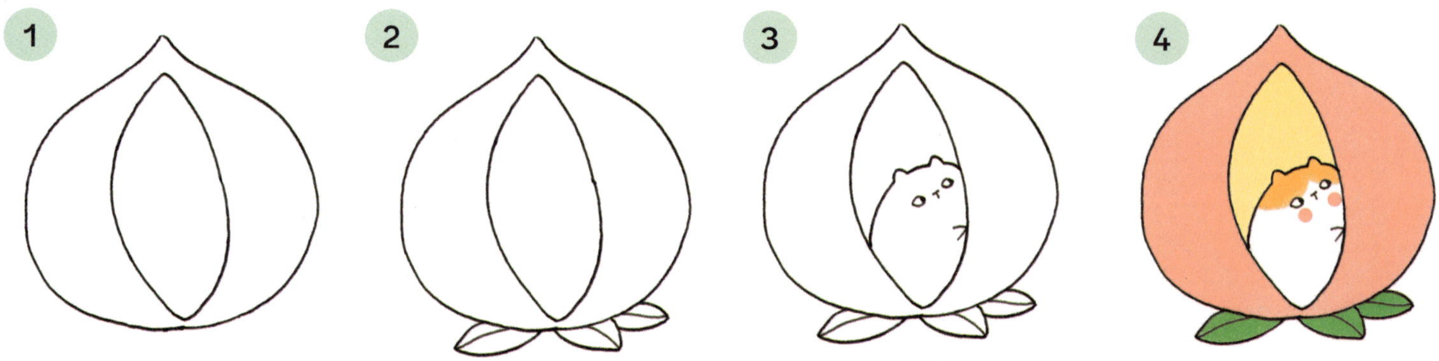

REIFE BANANE

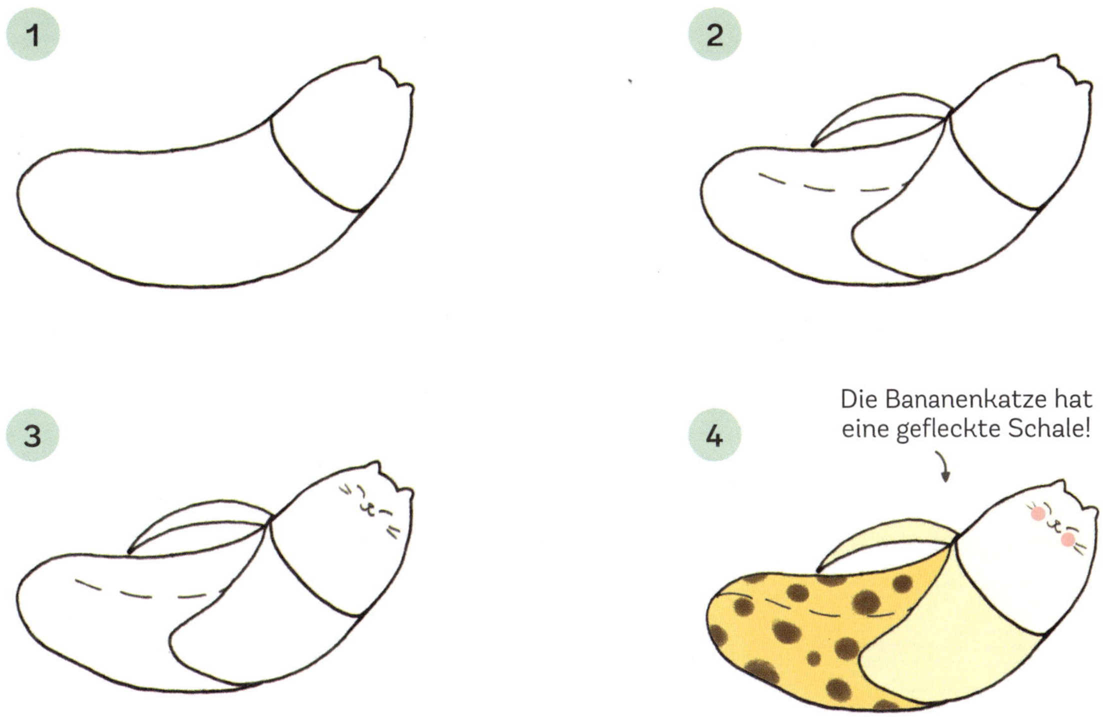

MANDARINEN-TIGER

KIWIKÄTZCHEN

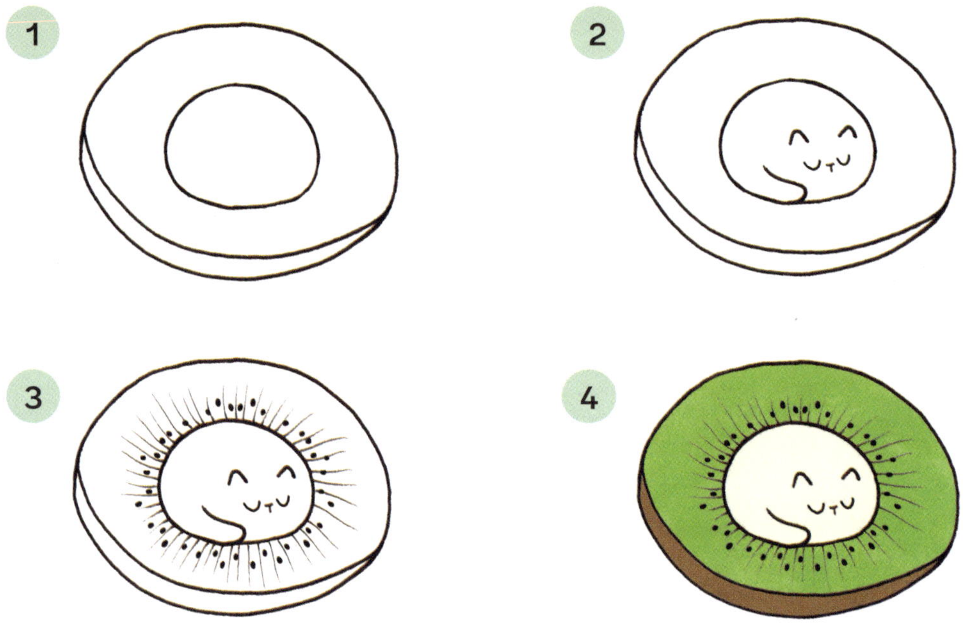

ZIBETFRUCHT MIT KÄTZCHEN

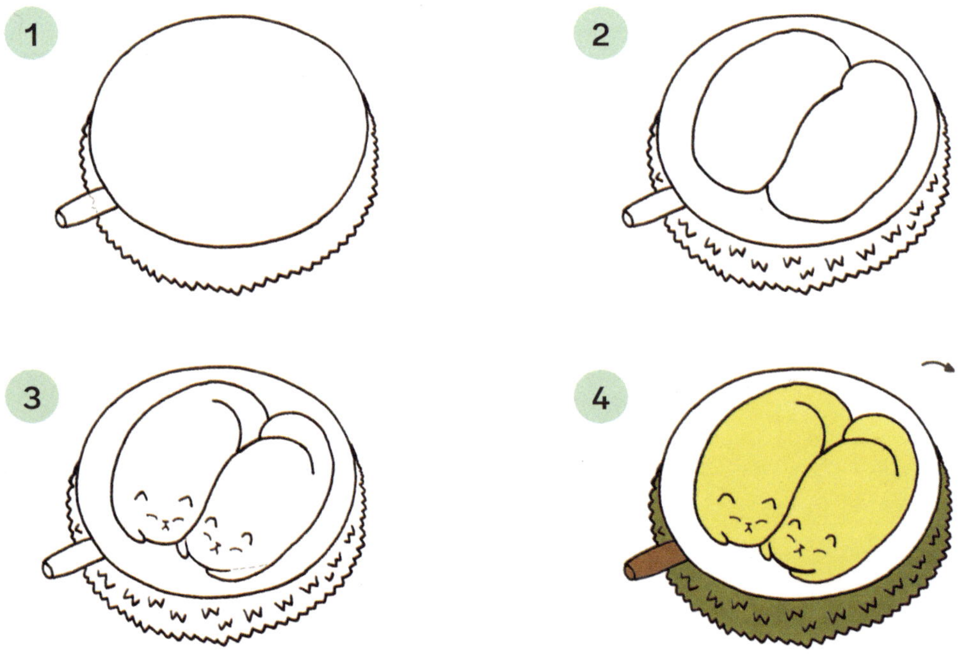

Die aus Südostasien stammende Zibetfrucht wird auch Durian oder Stinkfrucht genannt, da sie nach reifem Käse riecht.

Und jetzt kreiere dein eigenes Katzenobst!

Weißbrot
Schlicht und ergreifend

Muffin
Weich und buttrig

Sauerteigbrot
Säuerlich und luftig

Bagel
Kompakt und mit Biss

Mochi-Brötchen
Elastisch und voller Geschmack

Rosinenbrötchen
Knusprig und herzhaft mit einem Hauch Zimt

GROSSER LAIB

Zeichne nun dein eigenes Katzenbrot.

PASTA

Selbstbewusste Penne

Verliebte Farfalle
(Schleifennudeln)

Gruselige Spaghetti

Mumien-Pappardelle
(sehr breite Bandnudeln)

Wachsame Ditalini

Magische Chifferi
(Regenbogennudeln)

Conchigliette
(kleine Muschelnudeln)

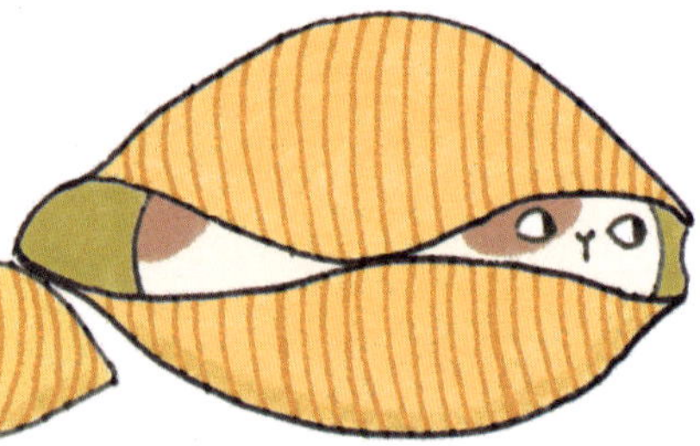

Schüchterne Conchiglioni
(große Muschelnudeln)

Ermutigende Conchiglie
(mittelgroße Muschelnudeln)

Dir fallen bestimmt noch mehr Katzennudeln ein!

ÜBERGLÜCKLICHES POPCORN

HOT CAT

GEMÜTLICHER BURGER

KLAUSTROPHOBISCHER TACO

DÖSE-PFANNKUCHEN

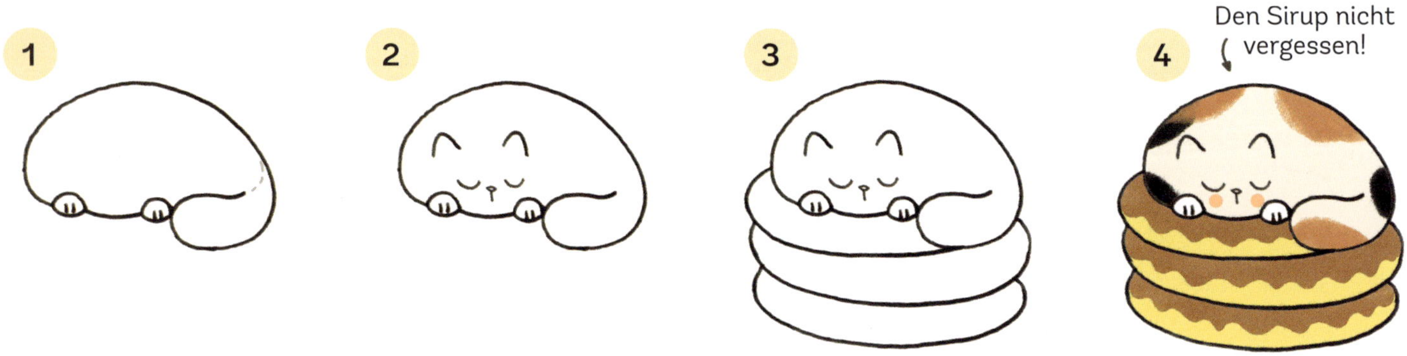

FRÖHLICHE INSTANTNUDELN

Bastle dir dein Wohlfühl-Food aus diesen leckeren Zutaten!

SUSHIKATZEN

Diese köstlichen Sushikätzchen sind herzhaft und trotzdem süß!

SCHLÄFRIGES NIGIRI

1

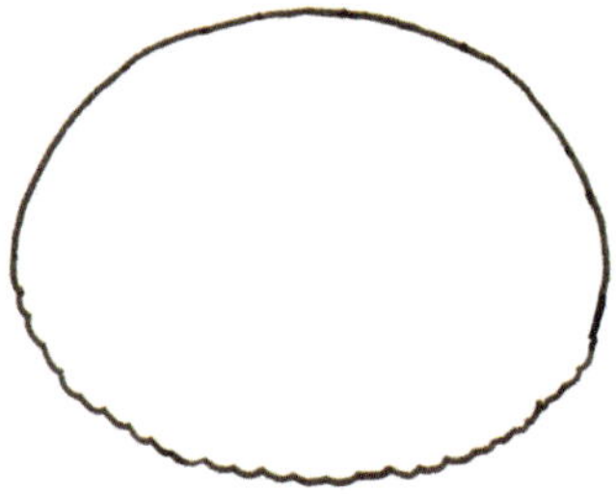

2

3

4

LÄSSIGES SASHIMI

1

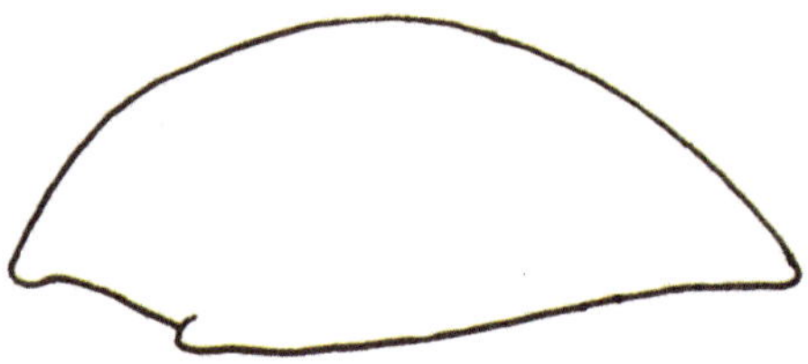

2

3

4

Sashimi ist eine Scheibe roher Fisch (ohne Reis).

Tamago-Sushi
Sushi mit Omelett

Onigiri
Dreieckiges Reisbällchen

Maki-Sushi
Röllchen mit Algenmantel

Garnelen-Tempura-Maki
Frittiertes Maki im Teigmantel

Vervollständige das Sushi!

Miau-Sushi

Katzenstraße 33
Vierpfoten

GEHEIME SPEISEKARTE

Maki im Entstehen

Schwer schuftende Maki

Maki-Set

Schläfriges Nigiri

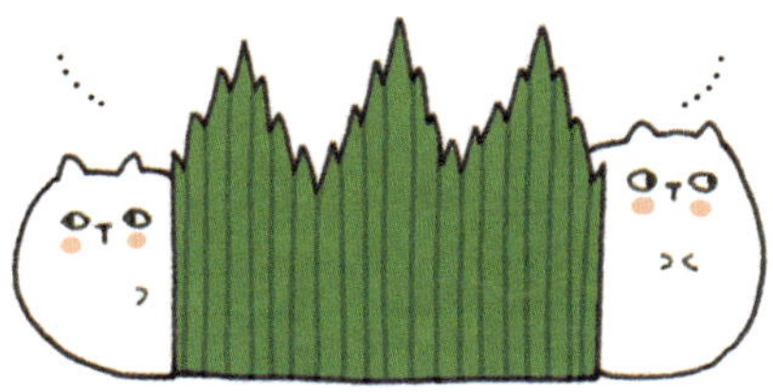

Derzeit leider aus

Tamago-Sushi

Onigiri nach Art des Hauses

Rohdiamant-Maki

Zuckendes Tamago-Sushi

Meerkatzen-Nigiri

Knuddel-Onigiri

Gestalte hier deine
eigene geheime
Speisekarte!

Katzen und Essen waren schon immer meine größte Inspiration. Hier findest du einige meiner Lieblingsgerichte – wenn du magst, kannst du sie ausmalen. Vergiss auch die Buchstaben auf der gegenüberliegenden Seite nicht.

Be
Happy
&
Eat
Sushi

CAFÉ AU CAT

Wenden wir uns nun koffeinhaltigen Katzengetränken zu!

GETIGERTE LATTE

1

Zeichne ein Oval und eine Mondsichel für die Tasse.

2

Füge ein lächelndes Gesicht und dreieckige Ohren hinzu.

3

Zeichne ein Eichenblatt in die Tasse – das ist die Milchschaumkunst.

4

Halbovale deuten die vier Beine an.

5

Farbe dazu, und fertig ist die Latte!

Tiger-Mocha

Matcha-Latte Mieze

Dreifarbiger Bubble-Tea

Male die Café-Katzen aus!

NASCHKATZEN

Welche Sorte magst du am liebsten?

MACARONS

Rose

Lavendel

Trio
Zitrone, Pfirsich, Kaffee

Zitrone

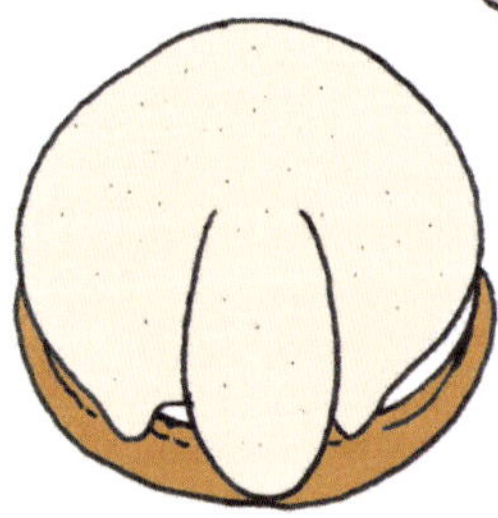

Vanille-Karamell

LAKRITZ-ERDBEER-MACARON

1

Zeichne ein Oval für das Macaron und Dreiecke für die Ohren.

2

Füge runde Augen und eine Nase hinzu.

3

Zeichne ein rundes Kinn und dreieckige Vorderpfoten.

4

Füge einen buschigen Schwanz sowie Wellenlinien für die Ganache hinzu.

5

Zum Schluss bekommt die Katze noch eine Fellzeichnung und das Macaron Farbe.

Nutze die Formen, um deine eigenen Macaron-Katzen zu kreieren.
Du kannst dabei ruhig auch über den Rand hinauszeichnen!

ELEGANTES GATTO-GELATO

Eiscremesuppe

MIEZEN-DOPPELDECKER

SOFTEIS-LOLLY

ZART SCHMELZENDES DOPPELEIS AM STIEL

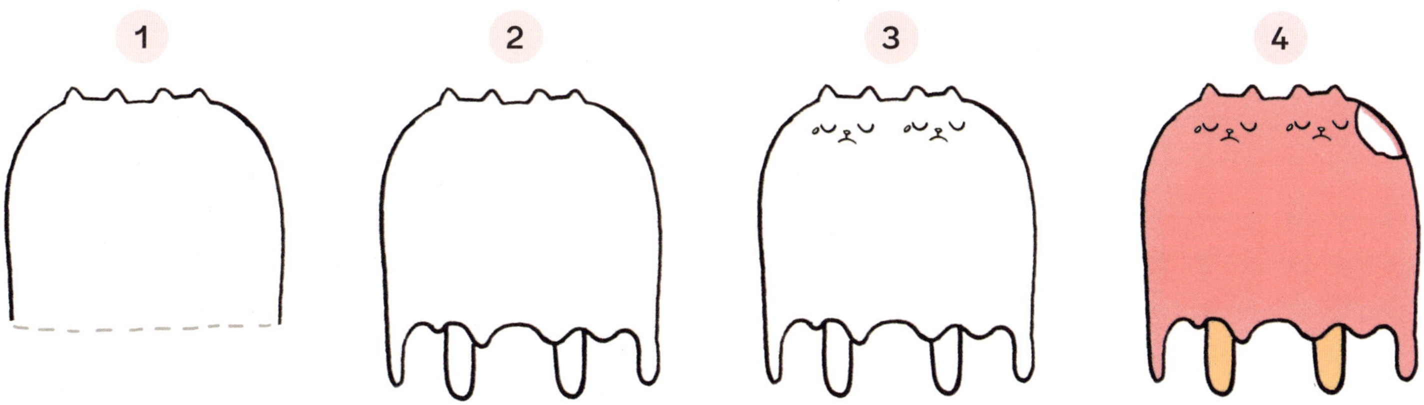

Soufflé
Köstlich und federleicht

Biskuitrolle
Biskuit, zu einer Rolle geformt und mit Marmelade gefüllt

Eclair
Glänzend und seidig

Muffin
Satt machend und take away-geeignet

KATZEN-DONUTS

Verwandle die Formen in supersüße Katzendesserts.

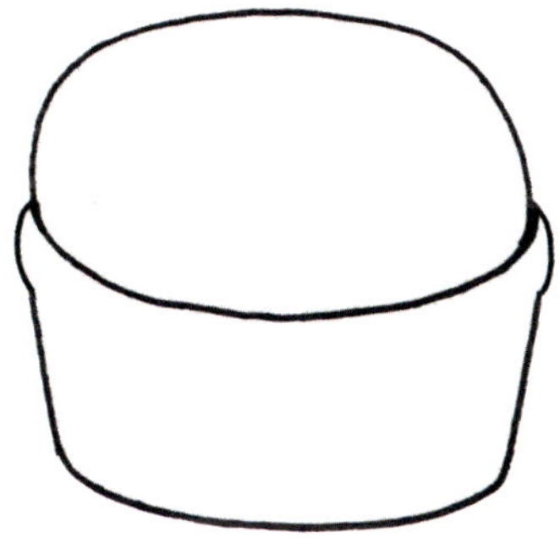

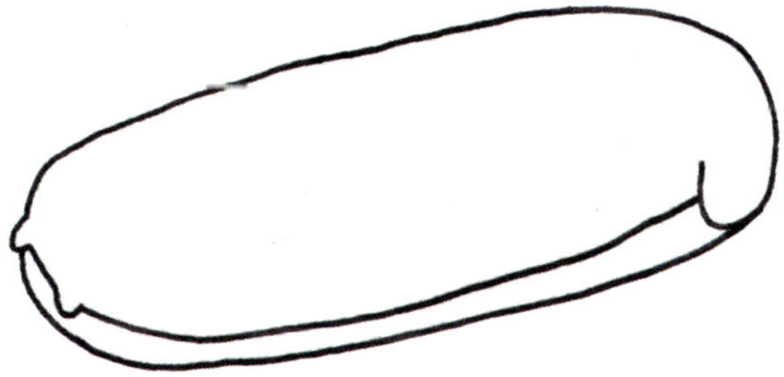

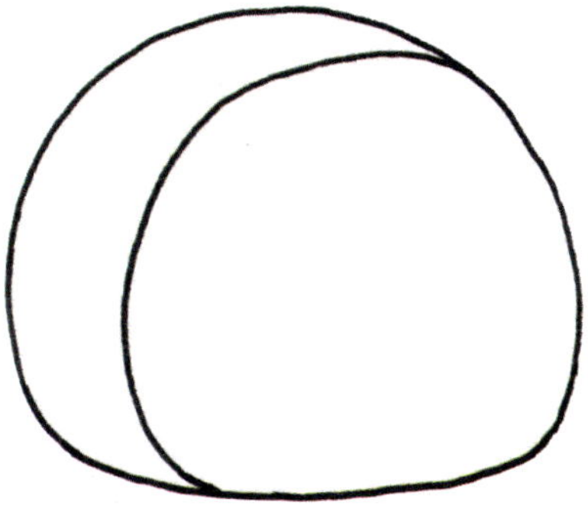

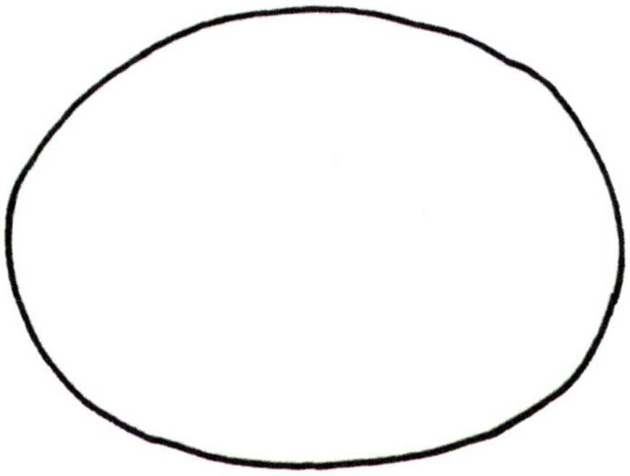

Bei Donuts und Desserts denke ich automatisch an die Ausflüge zur Bäckerei, die ich als Kind immer mit meiner Mutter unternommen habe. Verbindest auch du glückliche Erinnerungen mit Desserts? Dann lass sie in deine Ausmalkunst einfließen! Vergiss dabei die gegenüberliegende Seite nicht – es muss ja nicht immer HUNDEkuchen sein!

KATZENLADY-GESCHIRR

Zeichne Schritt für Schritt
dein Katzen-Teeservice!

TEEKANNE

1

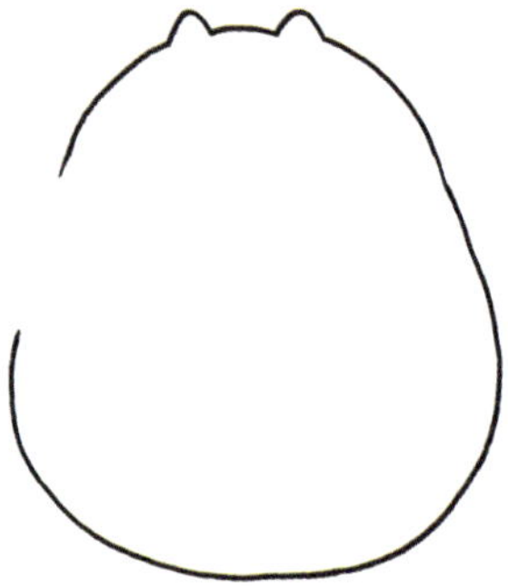

Zeichne ein Oval und dreieckige Ohren.

2

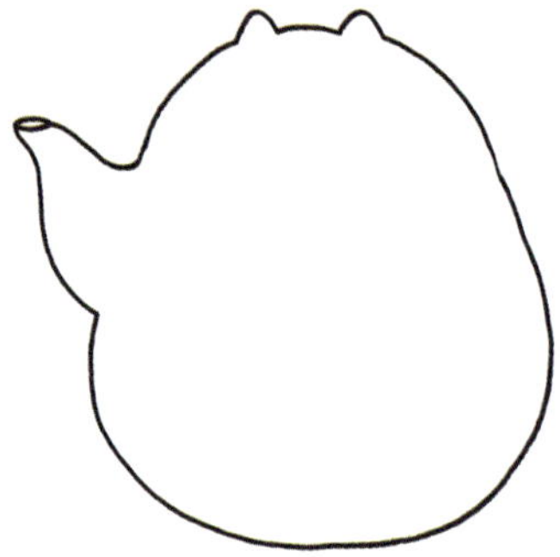

Füge eine Tülle hinzu.

3

Zeichne ein glückliches Gesicht und ein Lätzchen.

4

Bauchnabel, Henkel-Schwanz …

5

… und ordentlich Farbe: fertig!

TEETASSE

1

Zeichne ein gedrücktes Oval und dreieckige Ohren.

2

Gib der Tasse ein Kätzchengesicht. Der gebogene Schwanz ist der Henkel.

3

Male die Tasse in einem Muster deiner Wahl an.

Fülle die Regale mit selbst gestaltetem Katzengeschirr.

Bemale das Geschirr mit wunderschönen Blumen oder einem anderen Muster.

Blau, Grün, Gelb, Rot? (R)egal – Hauptsache bunt!

KAKTUSKATZEN

Kennst du diese Kaktuskatzen?
Sie sind alle ein wenig kratzig!

Bischofsmütze
Denke an die Dinge, für die du dankbar bist.

Feigenkaktus
Mach Yoga.

Mondkaktus
Grüße die Sonne.

Gymnocalycium
Übe dich in Achtsamkeit.

Kugelkaktus
Einatmen, ausatmen. Meditiere.

Hasenohrkaktus
Ernähre dich gesund.

HASENOHRKAKTUS

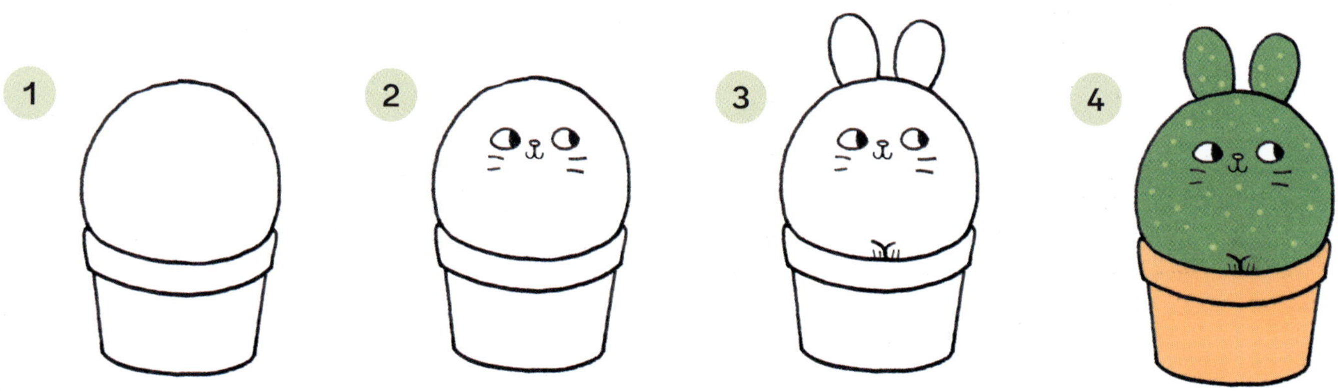

Verziere die Kakteen mit kreativen Details.

HAUSKATZEN

Folge den Schritten und zeichne lustige Katzen-Dinge, die du vielleicht zu Hause hast.

BÜCHERREGAL

SCHREIBTISCHLAMPE

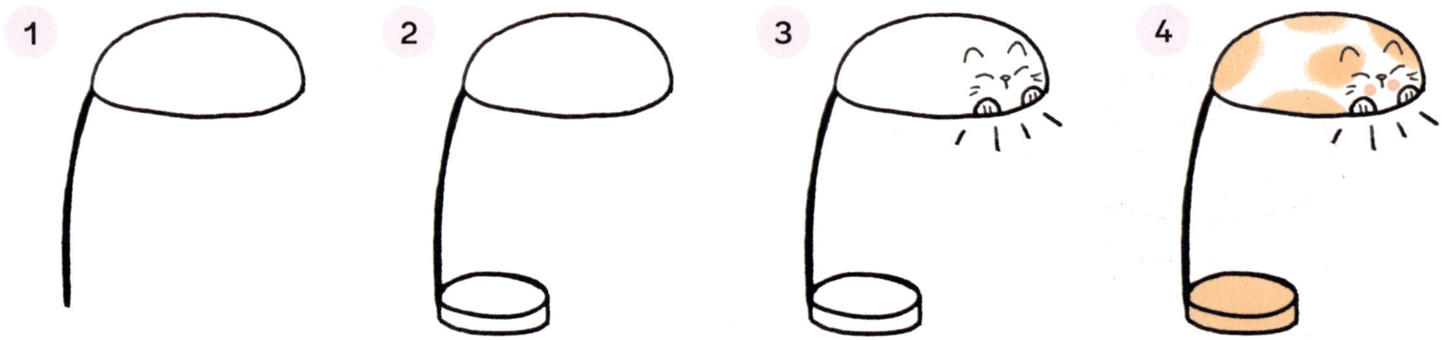

Lampe

Übertopf

Kerzenhalter

Und hier ist Platz für deine ganz persönlichen Katzen-Einrichtungsgegenstände.

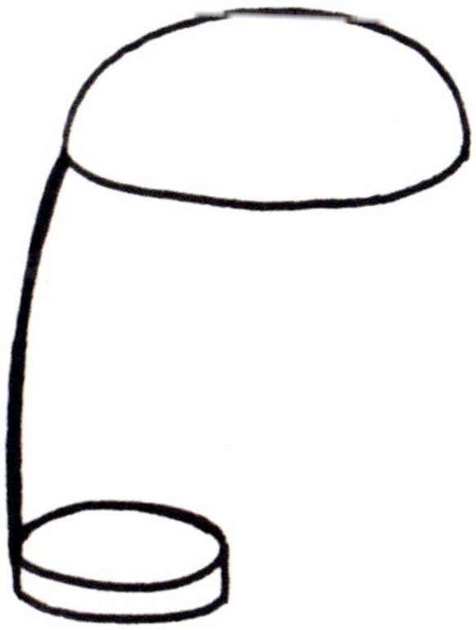

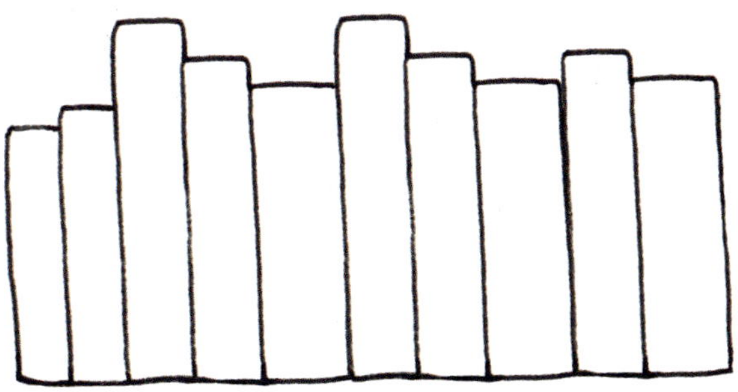

CHAISELONGUE

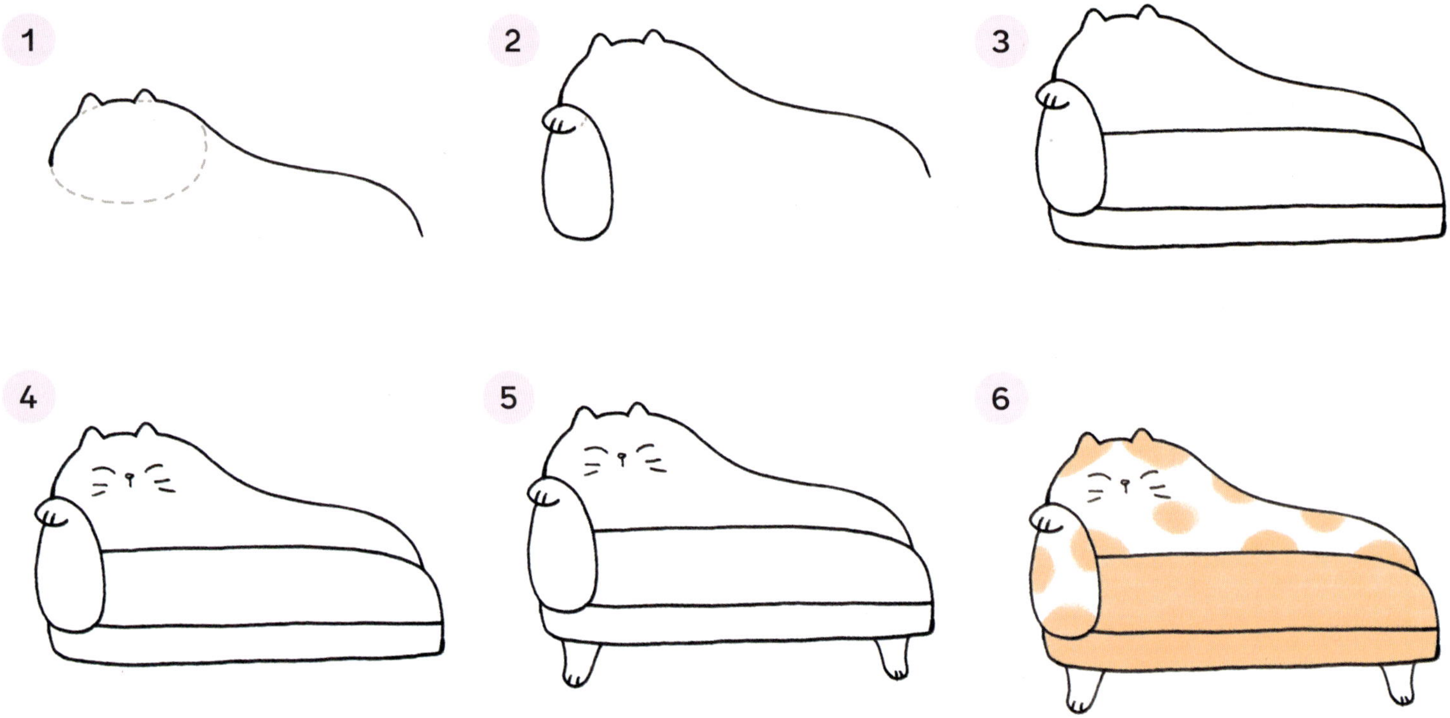

Sessel

Von Arne Jacobsen inspirierter Stuhl

Hocker

Sofa

Vervollständige die Katzen-Sitzmöbel. Vergiss dabei auch Muster und Farbe nicht!

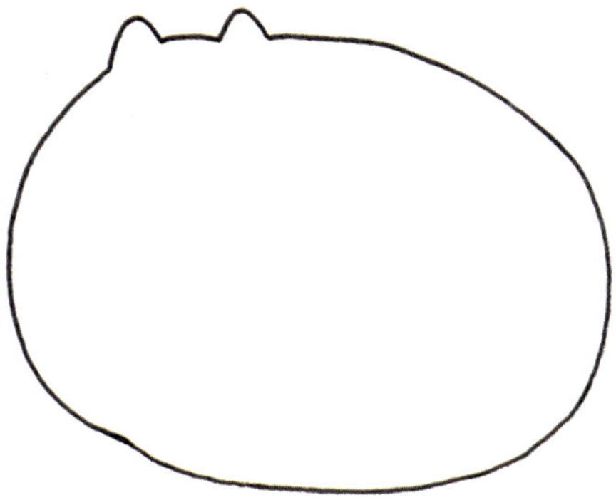

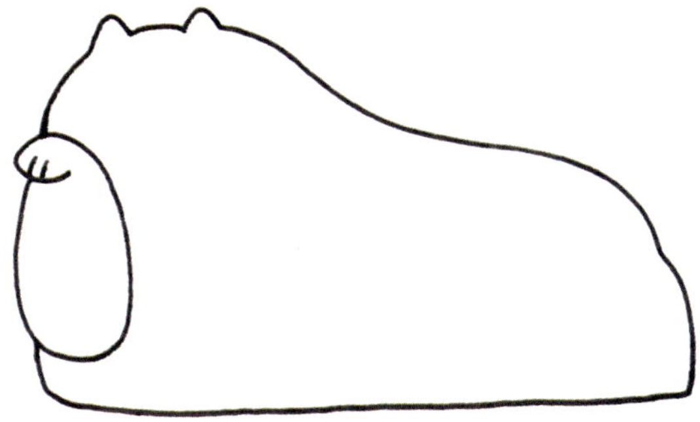

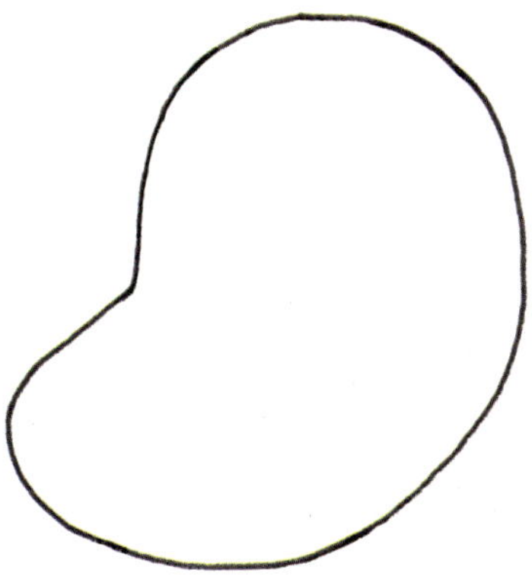

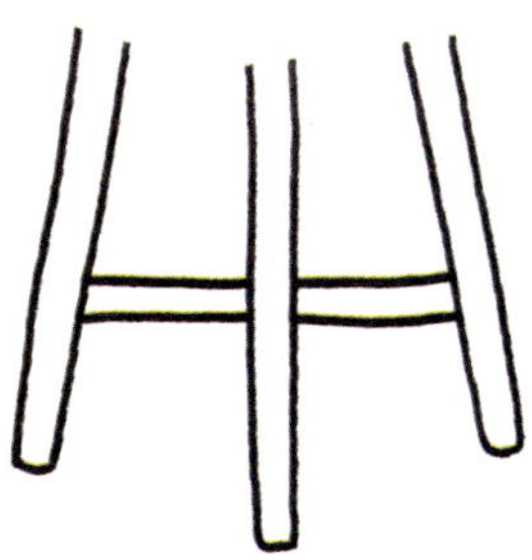

TOASTER

MIXER

Lass deiner Fantasie freien Lauf und verwandle die Formen in süße Katzen-Haushaltsgeräte!

ALTMODISCHES TELEFON

TEEKESSEL

Gestalte die Geräte – natürlich in Farbe!

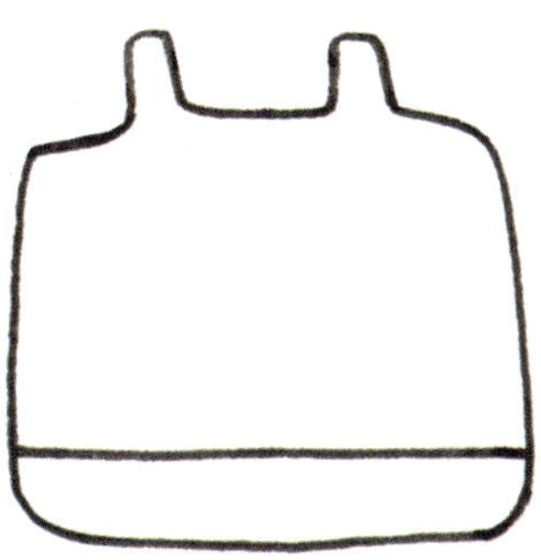

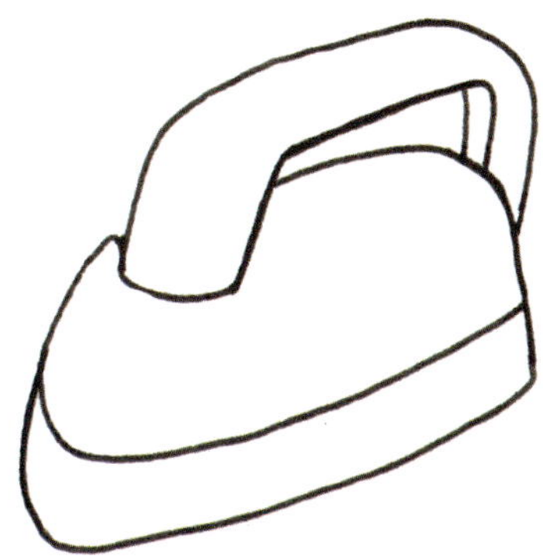

SCHREIBKATZEN

Auch im Schreibwarensegment sind Katzen häufig vertreten.

MÄPPCHEN

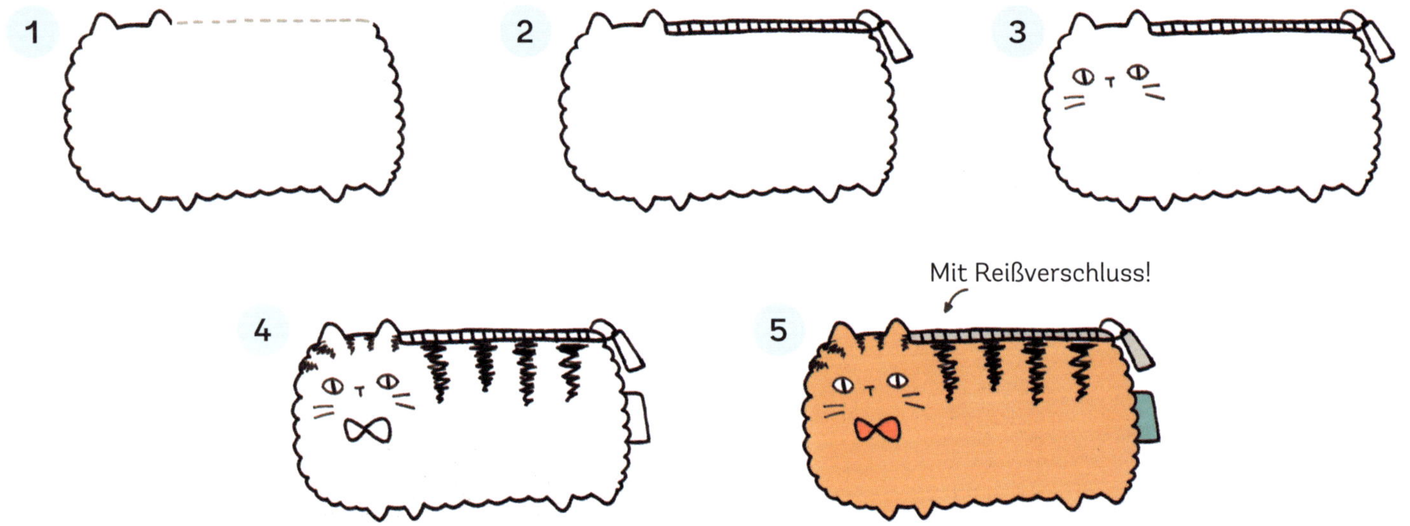

BLEISTIFTSPITZER

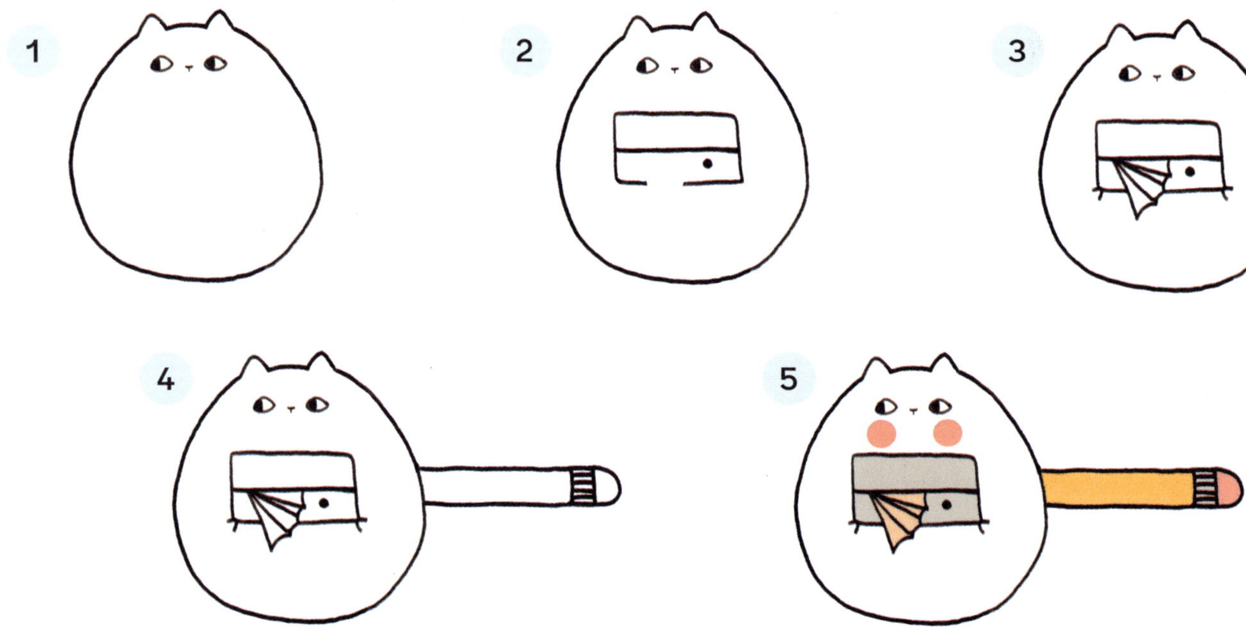

DRUCKBLEISTIFT

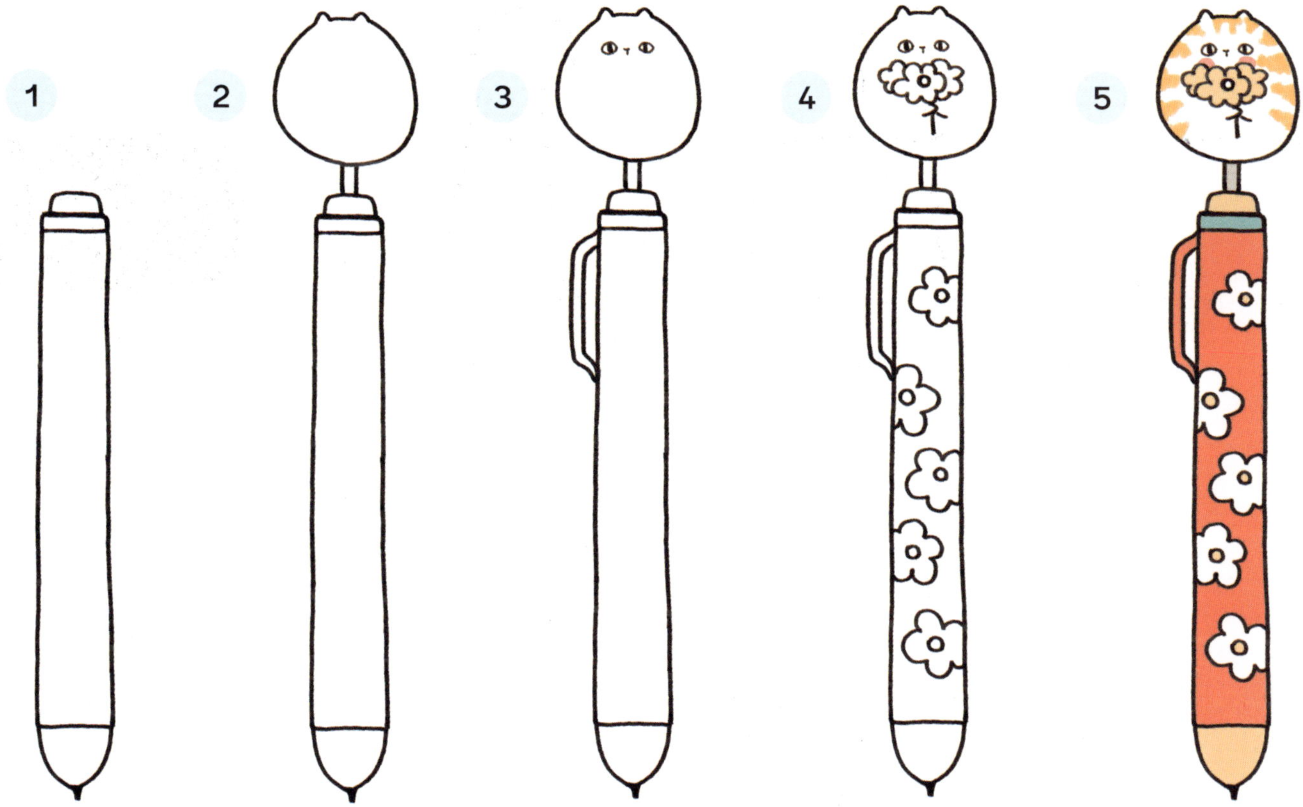

TAGEBUCH

VIELZWECKKLEMME

TACKER

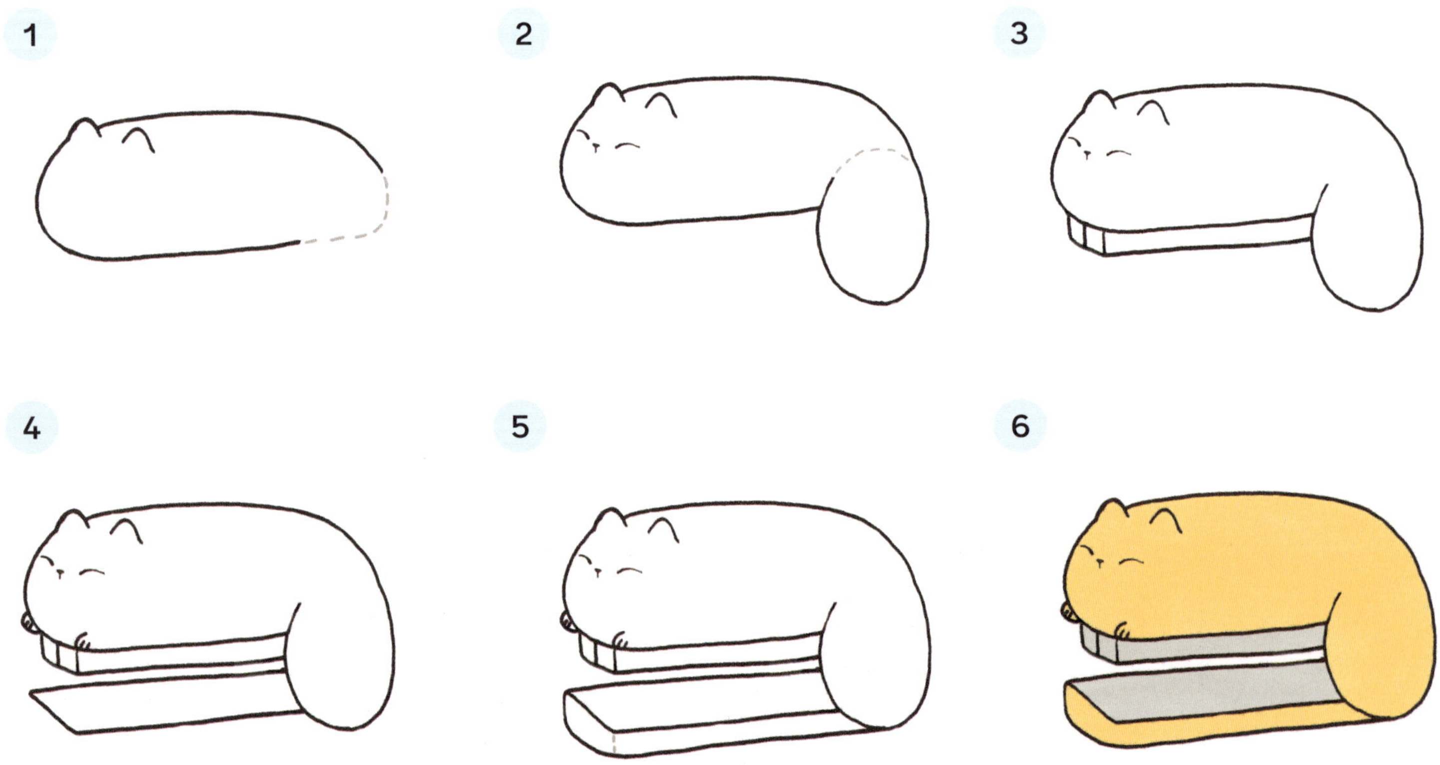

RADIERER

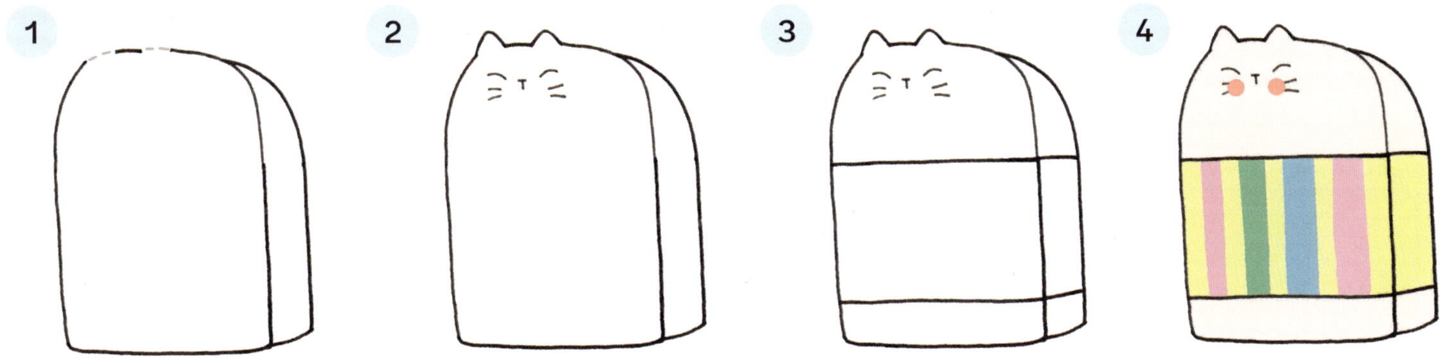

BLEISTIFT

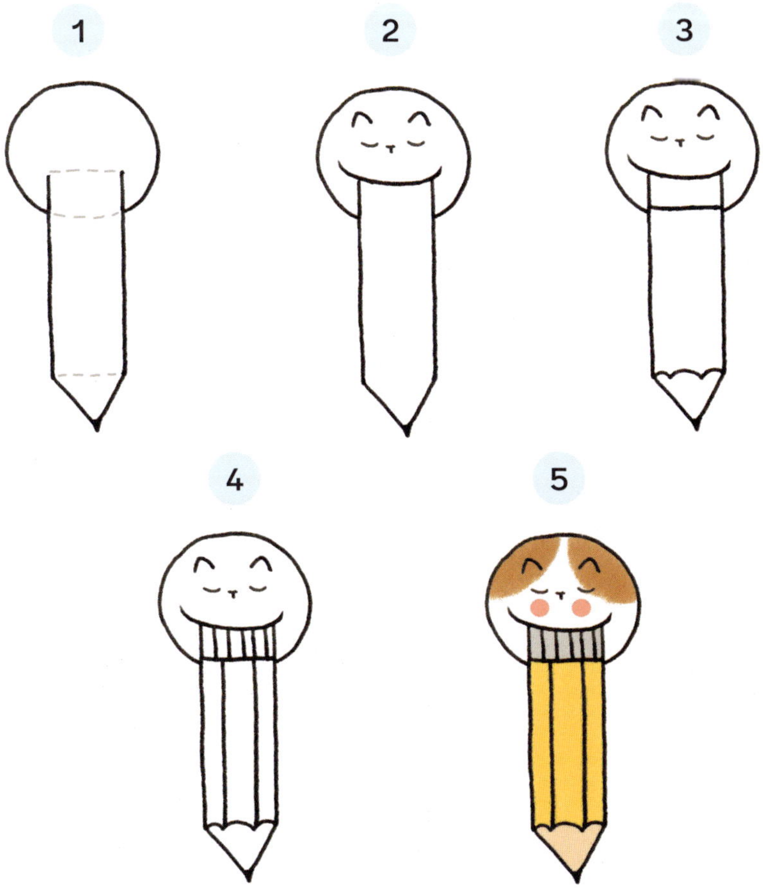

Buntstift

Liner Pen

Fülle die Doppelseite mit weiteren Katzen-Schreibwaren.

Ich bin das
Maß aller
Dinge!

FESTTAGSKATZEN

WEIHNACHTSSTRUMPF

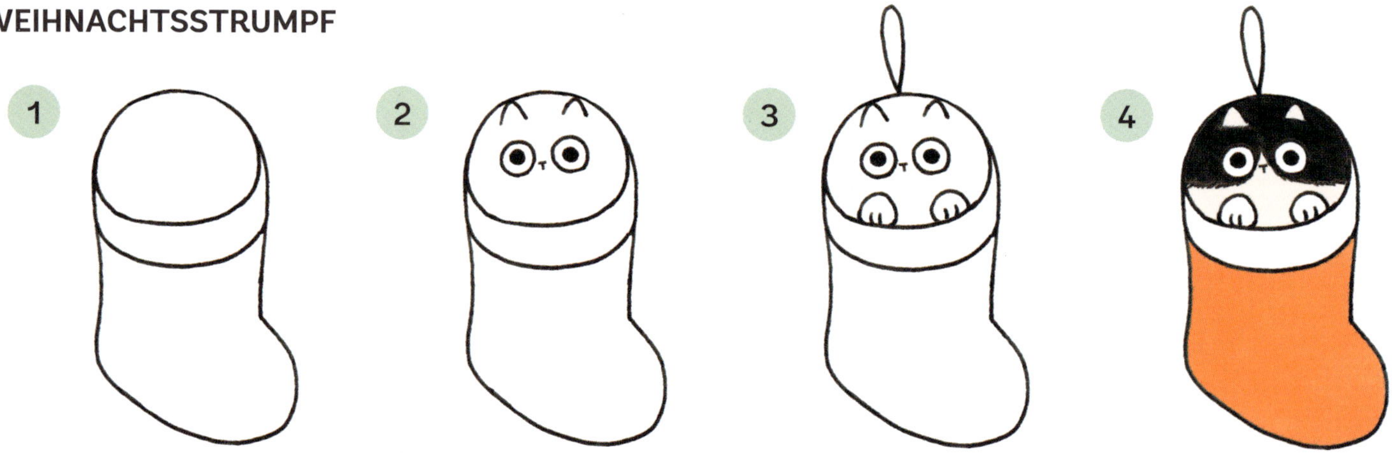

LICHTERKETTE

Merry Cat-mas!

CHRISTBAUM

Verwandle diese einfachen Formen in festliche Weihnachtskatzen.

HALLOWEEN-VAMPIRFLEDERKATZE

MUMIENKATZE

KÜRBISKATZE

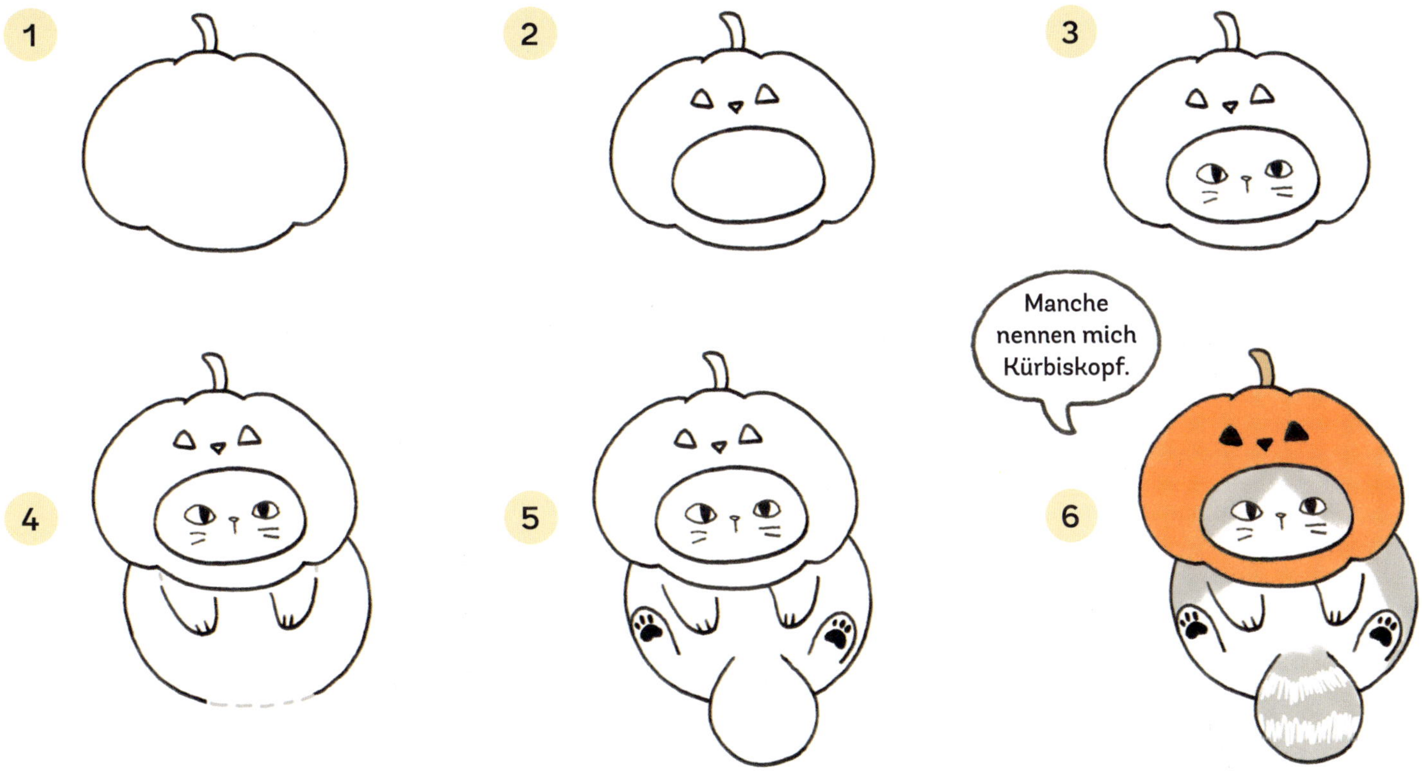

Vervollständige die Halloween-Katzen und vergiss dabei die Farbe nicht.

KUNSTKATZEN

PIET MONDRIAN

Am bekanntesten ist Piet Mondrian für seine abstrakten, von geometrischen Formen inspirierten Gemälde. Bei seiner Palette beschränkte er sich auf die drei Primärfarben – Blau, Gelb und Rot – auf einem Raster aus schwarzen vertikalen und horizontalen Linien vor einem weißen Hintergrund. Hätte er eine Katze gemalt, dann wahrscheinlich so:

Versuche dich doch auch einmal an einer Piet-Mondrian-Katze.
Kreiere zunächst ein Muster aus schwarzen senkrechten und waagerechten Linien und male die einzelnen Segmente dann rot, gelb und blau aus.

YAYOI KUSAMA

Betrachtet man Yayoi Kusamas Werke, sticht ihre Leidenschaft für Punkte und Tupfen sofort ins Auge – sie sind ein Leitmotiv ihrer Kunst. Ein weiteres Wahrzeichen sind Kürbisse: Die malte sie schon als Kind. Und das ist mein von Yayoi Kusama inspiriertes Katzenporträt.

Fülle die Galerie mit Samtpfoten-Gemälden nach Yayoi Kusama oder einer anderen Künstlerin/einem anderen Künstler deiner Wahl. Vielleicht verwendest du Punkte in verschiedenen Größen oder Kürbisse? Dabei kannst du ruhig tief in deine Farbtrickkiste greifen!

DIE KÜNSTLERIN

Lulu Mayo ist begeisterte Tagträumerin, die sich gern in der Fantasie- und Kunstwelt der Katzen und anderer mysteriöser Kreaturen aufhält. Katzen stehen von jeher im Mittelpunkt ihrer Arbeit, sie finden sich in jedem der 20 Bücher, die sie weltweit veröffentlicht hat und die übersetzt in mehr als 20 Ländern erschienen sind. Folge Lulu auf Instagram – @lulu_mayo_art – oder besuche sie unter lulumayo.com.